西瓜阅读法

三步打造高效学习力

姬广亮 著

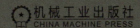

这不仅仅是一本关于阅读方法的书，更是一位引领我们在知识丛林中勇敢探索的向导。本书形象地将深度阅读的过程比喻成"吃西瓜"，通过三个核心步骤——订计划（切西瓜）、抓关键（去瓜籽）、记笔记（嚼瓜瓤），提供了一套科学系统、简单实用的阅读方法，帮助大家高效提升学习力。书中运用了目标分解法、符号标记法、思维导图法，告诉大家如何制订清晰的阅读计划，如何抓住阅读重点，如何整理出图文并茂、逻辑性强的阅读笔记，如何读完不忘，让大家在提高阅读效率的同时，实现对阅读内容的精准记忆，达到深度阅读的效果。

图书在版编目（CIP）数据

西瓜阅读法：三步打造高效学习力 / 姬广亮著. — 北京：机械工业出版社，2025. 5. — ISBN 978-7-111-77920-9

Ⅰ．G792

中国国家版本馆CIP数据核字第20252ES354号

机械工业出版社（北京市百万庄大街22号　邮政编码100037）
策划编辑：刘春晨　　　　　责任编辑：刘春晨
责任校对：曹若菲　薄萌钰　责任印制：单爱军
北京瑞禾彩色印刷有限公司印刷
2025年5月第1版第1次印刷
165mm×225mm·16.75印张·143千字
标准书号：ISBN 978-7-111-77920-9
定价：69.80元（含配套手册）

电话服务　　　　　　　　　网络服务
客服电话：010-88361066　　机　工　官　网：www.cmpbook.com
　　　　　010-88379833　　机　工　官　博：weibo.com/cmp1952
　　　　　010-68326294　　金　书　网：www.golden-book.com
封底无防伪标均为盗版　　　机工教育服务网：www.cmpedu.com

自序

阅读有窍门儿，人生大不同

在信息浩如烟海的时代，阅读是我们获取知识、提升自我不可或缺的重要途径之一。然而，面对琳琅满目的书籍和文章，许多人却感到无从下手，阅读效率低下。

俗话说："方法不对，努力白费。"如果我们真的想要读透一本书或一篇文章，一定要进行深度阅读。深度阅读并非传统意义上的默读和诵读，而是在精读的基础上结合"可操作"的阅读流程和手段，达到对阅读内容深度理解和记忆的一种阅读方法。

我把这套亲身实践了近15年的阅读策略和技巧结合脑科学、心理学、语言学和记忆学四个维度，浓缩成这本简单易操作、一看就懂的《西瓜阅读法：三步打造高效学习力》一书。书中内容借鉴了平时我们吃西瓜的步骤和特点，将阅读方法形象地呈现在大家面前。正如西瓜的外皮光滑亮丽，阅读时应该注重对书籍的整体把握；正如西瓜的果肉饱满多汁，阅读时也应该追求对内容深入透彻的理解与品味。

从脑科学的维度出发，大脑在阅读时遵循着特定的神经活动规律。西瓜阅读法第一步"切西瓜——订计划"，巧妙地与大脑的专注力分配机制相契合。

我们为阅读制订清晰的计划，如同将阅读任务有序"切割"。大脑在特定时间段内集中精力处理相应信息，可以避免信息过载导致的注意力分散。有计划的阅读可以使阅读过程中的神经传导更为高效有序，让知识输入的"神经通道"畅通无阻。

从心理学的视角来说，阅读是一场心理与文字的"互动之旅"。西瓜阅读法第二步"去瓜籽——抓关键"，充分利用了心理学中的选择性注意原理。

在浩瀚的阅读海洋里，我们的大脑更倾向于关注那些突出的、有意义的信息。该步骤可以引导我们精准地筛选出阅读中的关键信息，就如同把西瓜去掉西瓜籽，留下精华一般。这样不仅能够减轻我们的认知负担，还能够满足我们高效获取关键信息的心理需求，激发我们对阅读的成就感与自信心，进而推动阅读行为的持续深入。

在语言学的范畴内，阅读本质上是对语言符号的解码与理解。西瓜阅读法第三步"嚼瓜瓤——记笔记"，有助于我们深入剖析阅读内容的逻辑结构。通过图文并茂的笔记方法，我们能够"可视化"地梳理出阅读内容的核心架构和记忆重点，从而更好地领会和记忆阅读内容的精妙之处。

从记忆学的层面分析，科学的记忆方法是精准记忆和留存阅读重点的关键。在书中，我们还详细讲解了阅读高手们常用的"记忆万能公式"。常言道："真传一句话，假传万卷书。"大家无须再翻看和研读晦涩难懂的记忆法专业书籍了，掌握这套记忆公式就够了。

这本书以其独特且生动有趣的"西瓜阅读三步骤"，为广大阅读爱好者提供了一套科学、系统、可操作且实用性强的阅读策略。它不仅仅是一本关于阅读方法的书籍，更是一位引领我们在知识丛林中勇敢探索的向导。

无论你是在求学道路上奋力前行的学子,还是在职业生涯中不断进取的职场人士,抑或是在生活中不断追求精神富足的终身学习者,都能借助本书开启一场充满惊喜与收获的阅读新征程。

阅读有窍门,人生大不同。

姬广亮

目录

自序　阅读有窍门儿，人生大不同

01

阅读真的有窍门儿

002　为什么要养成终身阅读的习惯

007　日常阅读常见的两大误区

014　阅读高手的UP-ME原则

020　西瓜阅读法为何如此好用

02

第一步：切西瓜——订阅读计划

028　"三天打鱼，两天晒网"的请举手

036　用目标分解法制订阅读计划

044　落地阅读计划关键要做到这两点

046　养成好习惯偶尔需要上点"手段"

050　高效的阅读计划离不开这张表

03

第二步:去瓜籽——抓阅读关键

060 关键词!你跑不掉

073 用符号标记法"放大"关键词

082 每个人都是被埋没的"涂鸦高手"

04

第三步:嚼瓜瓤——记阅读笔记

096 可视化笔记让记忆更高效

116 深度阅读的好工具——思维导图

123 如何用思维导图记阅读笔记

163 共享导图实现"裂变式"阅读

05

刻意阅读让思想更强大

- 170 刻意阅读离不开刻意练习
- 176 在课内阅读中增长知识
- 181 在课外阅读中拓展世界观
- 185 偶尔给自己一点"混沌阅读时间"

06

阅读高手都是记忆大师

- 192 摸清大脑的"脾气"
- 196 学习者常踩的两片"记忆雷区"
- 204 一招制敌解密"记忆万能公式"
- 210 记忆是阅读的基石

- 为什么要养成终身阅读的习惯
- 日常阅读常见的两大误区
- 阅读高手的UP-ME原则
- 西瓜阅读法为何如此好用

01

阅读真的有窍门儿

为什么要养成
终身阅读的习惯

人生路漫漫，如何让自己的每一天过得有意义，或者说如何让自己的每一天"活"得有意义，这是一个非常宏大的生命课题。在现有的科学认知里，人类几乎无法左右自己生命的长度。但是我们可以在生活中一点点去积累生命的厚度，拓展生命的宽度，来充盈我们的人生。

关键是我们应该怎么做呢？这个问题问100个人，或许会得到100种不同的答案，甚至更多。比如，旅行、交朋友、读书、品尝美食、适当运动、向榜样学习、做自己喜欢的事情等。每种方法在我们看来都不错。但是，在这些我们所知的方法中，成本最低廉，又几乎人人可行的方法，就是阅读，而且是终身阅读。

从结绳记事到竹木简牍，从纸质阅读再到电子阅读，古往今来的圣贤、能人志士无不是爱读书之人。其中最著名的当属孔子。

孔子是我国古代的思想家、教育家。他一生热爱读书，孜孜不倦，自幼便开始涉猎六艺，学习礼、乐、射、御、书、数，不仅学识渊博，而且终身不懈地学习。即使在做官之后，仍然保持着每天阅读的习惯。

孔子认为读书是提高自身素质和修养的重要途径之一，因此他鼓励人们多读书、读好书。时至今日，孔子的言行和思想依旧影响着我们，是我们精神和思想文化的一块瑰宝。他的读书精神也激励着我们不断学习、不断进步,不断提高自身的素养。

在人类漫长的历史文化长河中,古今中外终身阅读的典范不胜枚举。在我国,更是有着数不清的关于读书的经典故事,比如"韦编三绝""悬梁刺股""囊萤夜读"等影响着一代又一代人。读书不是一个人的事,而是全世界的事。

1995年,联合国教科文组织宣布4月23日为"世界读书日"。其设立是为了推动更多的人去阅读和写作,希望所有人都能尊重和感谢为人类文明做出过巨大贡献的文化、科学、思想等领域的大师们,保护知识产权。

每年的这一天,在全球一百多个国家都会举办各种各样的庆祝活动和读书宣传活动。当然对于一个终身阅读者来说,每天都是"读书日"。

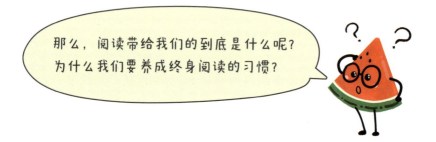

那么,阅读带给我们的到底是什么呢?为什么我们要养成终身阅读的习惯?

阅读对于我们而言，是认识世界、开阔视野、学习知识、掌握技能、培养品格、明了事理、丰富内心、滋养精神世界的重要途径之一。实现这些目标的宝贵经验和智慧就"藏"在书里。

开卷有益，唐代诗人杜甫曾在诗作中提到"读书破万卷，下笔如有神"。意思是一个人只有博览群书，把书读透，落实到笔下，运用起来，才能如有神助般得心应手。

东汉时期著名思想家王充更是直言："人不博览者，不闻古今，不见事类，不知然否，犹目盲、耳聋、鼻痈（yōng）者也。"意思是说人不博览群书，不了解古今的情况，不能识别世间的万物，就像眼盲、耳聋和鼻子长痈的人一样。他勉励人们要多读书，博古通今，勤思考。

英国哲学家弗朗西斯·培根曾说："读书不是为了雄辩和驳斥，也不是为了轻信和盲从，而是为了思考和权衡。"通俗来讲就是阅读能让我们"擦亮眼睛"，更容易看清事物的真相，做出正确的判断和选择。

中国当代作家、茅盾文学奖获得者梁晓声先生在谈到读书时讲道："读书的目的，不在于取得多大的成就，而在于，当你被生活打回原形，陷入泥潭时，给你一种内在的力量。"

那些你默默读过的每一本书，终将成为你人生关键时刻重要的垫脚石。

当然，对于大部分人来说，阅读也是一种消遣，是一种"有意义"的消磨时间的方式。比如，阅读会让我们时而潸然泪下，时而捧腹大笑，时而静坐冥思。正如美国作家、电视剧《权利的游戏》编剧乔治·马丁所言："读书可以经历一千种人生，不读书的人只能活一次。"

打开一本书，就是打开一个新世界。在家里、学校、地铁上、旅途中，在茶余饭后、睡觉前、等人的间隙，甚至在洗脚的时候都可以阅读。不难发现，阅读几乎是一件随时随地都可以开始的事情。

古人云："读万卷书，行万里路。"如果我们暂时无法用双脚去丈量这个世界，那就让我们用阅读去认识、探索并发现世界的奇妙与美好吧！

日常阅读常见的两大误区

古人的阅读方式虽然单一,但是对知识却满怀敬畏之心。所以古人在每一次阅读之前,都要进行焚香净手的仪式,以此表示对知识的尊重。这种"敬惜字纸"的习惯,直到今天依然值得称赞。

我们现在处在一个知识大爆炸的时代,阅读方式可以说是五花八门,除了阅读纸质书外,还可以借助手机、平板电脑、电子书阅读器等便携的工具进行阅读。

虽然这些高科技工具大大提高了阅读的便捷度,但是就阅读体验而言,纸质阅读有其独特的优势。因为把书捧在手中,用笔圈圈点点,感受沙沙的翻书声,这种多感官的阅读体验更让人着迷。从脑科学的角度来讲，我们在进行多感官阅读时，大脑的参与度更高，记忆更深刻。

多感官阅读

我们都知道阅读很重要，很多人也在坚持长期阅读，但是长期阅读不等于有效阅读。因此，许多阅读者经常抱怨："书读完了，但什么也没记住。""感觉学了好多东西，但是说不出个所以然。"其实，这属于正常现象，是大部分阅读者的"通病"。究其原因，是在日常阅读中陷入了两大误区。

误区1：认为阅读速度等于阅读效率

首先我们要明确一点：阅读速度不等于阅读效率。也就是说阅读速度快并不等于阅读质量高。举个例子，李雷和韩梅梅两个人同时读一本书，李雷读完用了10小时，韩梅梅读完用了20小时。从数字上看，我们会习惯性地认为李雷的阅读效率比韩梅梅高。因为他10小时就读完了一本书，而且比韩梅梅少用了10小时。

但是，**吃完不等于吃饱，读完不等于读好。**同样是读完一本书，李雷只记住了书中20%的核心内容。但是，韩梅梅却记住了书中80%的核心内容。从数学的角度简单换算一下，李雷每小时能掌握2%的阅读内容（20%/10小时），而韩梅梅每小时能掌握4%的阅读内容（80%/20小时）。

这就好比在古代战场，为了避免军事机密落入敌人之手，通信兵需要把重要的军事行动计划记在大脑中，然后长途跋涉去传达将军下达的指令。如果两个通信兵向两个同等距离的部队传达军事指令，通信兵甲骑马1小时就到达了部队大营，通信兵乙2小时才到达另外一个部队大营，但是，通信兵甲只能传达40%的军事指令，而通信兵乙能传达100%的军事指令，那么，可想而知哪一支部队能更准确地执行将军下达的指令，稳操胜券。

当然，我们一般不会这样精打细算地去衡量一个人的阅读效率，因为"记住"和"理解"两者之间本身也不能直接画等号。

而阅读过的内容能记住和复述多少，或者能答对多少，几乎成了我们对阅读质量的基本考核标准。所以，在理解程度相同的情况下，当然用时越短越好！

 误区2：只管读书，不做整理

小时候学过一篇名为《我要的是葫芦》的寓言故事，至今记忆犹新。

故事讲述了从前有个人种了一棵葫芦，花谢之后，藤上结了几个小葫芦。小葫芦很可爱，于是这个人每天都去看好几次，希望这些葫芦越长越大。后来叶子上生了一些蚜虫，但是他却毫不在乎，每天只顾盯着葫芦看。好心的邻居提醒他叶子上生了蚜虫，要赶紧治一治。但是，他不仅不听，还理直气壮地跟邻居说："我要的是葫芦。"再后来叶子上的蚜虫越来越多，他可爱的小葫芦也一个个变黄从藤上落了下来。

这就像许多人的阅读习惯一样——"只管读书，不做整理"。书读完了，最后一问三不知。

除了消遣阅读之外，我们每个人其实都希望能记住大部分所读图书的核心内容，甚至全部记住。但实事求是地讲，我们平时完全理解和记住一篇文章都不太容易，更别说是一本书了。

因此有些难啃的书读上几遍都是很正常的。而且，如果读完书后不做任何的阅读整理，就很难把核心内容留存在大脑中。也就是我们常说的"不过脑子"。

从脑科学的角度来看待阅读，我们的大脑就相当于一个巨大的记忆图书馆。通过阅读，我们向大脑输入了海量的知识，就相当于向这座记忆图书馆搬运了海量的书。

如果我们从来不对搬到记忆图书馆的书进行分类和整理，任意摆放和堆积在图书馆的各个角落，那么当我们需要某一本书时，即使明明知道它就在图书馆里，也依旧找不到。找不到，就用不上。最后我们只是干了一件感动自己却没什么实际效果的事情。

俗话说:"好记性不如烂笔头。"哪怕我们只是把读过的书简单做做分类和整理,大致梳理一下读书笔记,都要比读完后把书丢到一旁强一百倍。

因为被刻意整理过的阅读内容在大脑中建立的神经记忆连接会更加牢固,也就是更容易"过脑子",更容易记住。

在这里需要强调一点:记读书笔记很重要,但并不是每一种笔记都是高效的。那么如何记高效的读书笔记呢?在后面的章节中会和大家分享一套风靡全球,许多国际知名高校、教育专家以及超级学霸们都在用的笔记方法——思维导图,帮助大家真正实现深度阅读、高效阅读。

总而言之,我们要想把书读好,不仅需要追求阅读速度,更要追求阅读精度。

阅读高手的 UP-ME 原则

阅读高手的UP-ME原则,又被称为"**刻意阅读UP-ME四原则**"。刻意阅读是一种兼具自主性和自律性的阅读习惯。这四个字母分别代表:U——理解(Understand),P——计划(Plan),M——记忆(Memorize),E——评估(Evaluate)。

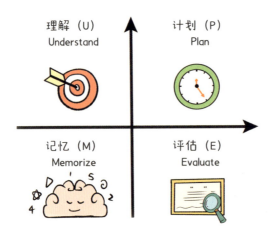

阅读高手的 UP-ME 原则

U——理解（Understand）

该原则强调，我们在正式阅读一本书之前，要花一些时间对文章或书籍进行预览，做到初步了解。

比如：

翻一翻目录。

找一找章节之间的逻辑关系，看看有没有自己特别感兴趣的观点和话题。

读一读推荐语或推荐序，看看大家都在书中收获了什么。

做完这些准备工作之后，先别着急着去读正文。而是花一分钟时间，在心中问一问自己：

我希望通过阅读这本书收获什么？

我希望通过阅读这本书解决什么具体问题？

这样做的好处是，既能让我们明确自己的阅读目标，了解自己的阅读需求，带着期待或问题去阅读，又能激发出我们持续阅读的积极主动性。

P——计划（Plan）

该原则强调，我们在正式阅读一本书之前，要有一定的计划性。

制订阅读计划不是空喊"我要读书"的口号，而是**要定时、定量**，甚至定点完成阅读任务，合理利用时间。比如，每天晚上固定8点读书，每次读45分钟，一次读20~30页。再比如，坐高铁或飞机时随身携带一本书，在途中拿出一半的时间用来阅读等。

制订清晰的阅读计划有利于我们养成自律的阅读习惯，进而保障阅读的持续性。当然，对于本身就拥有良好阅读习惯的"超级自律者"而言，可能就不需要特别量化的阅读计划了。因为，他们只需要有一个读书的念头就够了。

M——记忆（Memorize）

该原则强调，我们在阅读一本书的过程中，记忆是刻意阅读的重要环节，有效记忆可以帮助我们更好地掌握所读内容，以便日后提取和应用。

我们要想把书中读到的核心内容记住，不能靠蛮力去死记硬背，而是要讲究方法和工具。比如，在书中划重点，归纳总结，记读书笔记等。没有留下记忆的阅读犹如"竹篮打水一场空"，既谈不上收获，又浪费时间。

E——评估（Evaluate）

该原则强调，我们在阅读完一本书之后，一定要对自己的阅读质量进行评估。

知识性或科普类的图书一般都有标准答案，所以我们评估阅读质量的方式相对简单。比如，测试一下我们读完一本书之后能记住多少内容或能答对多少问题。

而对于非知识性或非科普类的图书，如诗歌、散文、童话、小说等文学作品，我们在评估阅读质量时就相对比较主观了。正如莎士比亚所言："一千个人眼中有一千个哈姆雷特"。

虽然评估文学类书籍的阅读质量有一定的主观性，但是我们可以试着从理解、细节、情感反应、批判性思考、知识储备等多个方面对读过的书进行阅读质量评估。如果发现有不足的地方，可以通过使用阅读技巧或分享交流等方式更有针对性地去提高阅读质量。

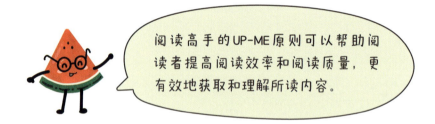

阅读高手的UP-ME原则可以帮助阅读者提高阅读效率和阅读质量，更有效地获取和理解所读内容。

理解原则：帮助阅读者看清阅读目标，厘清阅读需求，激发阅读者的兴趣。

计划原则：帮助阅读者合理规划时间，保障阅读进度。

记忆原则：帮助阅读者更好地记住重要内容，巩固知识。

评估原则：帮助阅读者反思自己的阅读过程，发现不足并寻求改进。

总之，UP-ME原则是普通人成为高效阅读者的关键。

西瓜阅读法
为何如此好用

西瓜阅读法是一套综合应用脑科学与心理学原理的深度阅读法。这套阅读方法注重理解、计划、记忆和评估等环节，通过引导阅读者增强记忆力和理解能力，将阅读内容化繁为简，帮助阅读者提高阅读效率和阅读质量。因其应用过程类似于吃西瓜，所以被形象地称为"西瓜阅读法"。

西瓜阅读法的核心步骤有三步：

第一步，订计划。

第二步，抓关键。

第三步，记笔记。

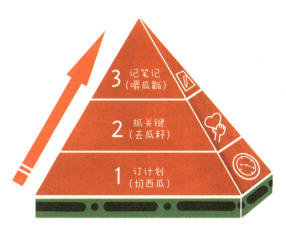

西瓜阅读法·金字塔模型

第一步：订计划（切西瓜）

西瓜阅读法讲究计划性，要求阅读者在正式阅读一本书之前，先对所读内容进行全面预览，并制订清晰的阅读计划。

没有计划的阅读对于大部人来说比较随性，往往容易半途而废。这种半途而废的阅读行为不仅会让我们对所读内容一知半解，抓不到核心，而且更可怕的是，长此以往会严重打击我们的阅读积极性，破坏阅读兴趣。

订计划的过程类似于切西瓜,把大目标分解成小目标,然后一块块"吃掉",提高完成率。

第二步:抓关键(去瓜籽)

关于阅读,首先我们要明确一点:在一本书中,并不是所有内容都是重点。所以,<mark>我们在阅读的过程中一定要学会抓关键,判断出哪些是关键段,在关键段中识别出哪些是关键句,在关键句中圈出哪些是关键词。</mark>

抓关键的过程类似于去瓜籽,把精华留下,没用的吐掉。养成在阅读过程中划重点的习惯,有助于我们提高理解和记忆的精准度。

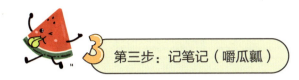

第三步：记笔记（嚼瓜瓤）

西瓜阅读法非常重视"记笔记"这个环节。传统的线性（文字）笔记只是对阅读内容进行文字摘抄，记录过程相对机械和单调。所以，大多数人阅读完通常不记笔记，或者记完不看，以至于大脑对内容"无感"。最后的结果就是一问三不知。

我们一定要<u>遵循大脑的思维喜好，学会用科学的方法记笔记</u>。康奈尔笔记、九宫格笔记、提纲式笔记、思维导图笔记等都是非常不错的结构化或图像化笔记方法。尤其是思维导图笔记法，能帮助我们用图像化思维去理解和记忆所读内容，让大脑的吸收效率更高。

记笔记的目的是理解、记忆和应用，这个过程类似于嚼瓜瓤，品尝味道的同时把果肉嚼碎咽下去，才能更好地消化和吸收。

一方面，从脑科学角度来看，西瓜阅读法充分利用大脑的认知特点和记忆规律，通过引导阅读者记录高效的阅读笔记，将抽象的文字转化成大脑更容易理解和记忆的知识结构和图像，提高学习效率。**只有记得住，才能用得上。**

另一方面，从阅读高手UP-ME原则的角度来看，西瓜阅读法也具有显著的优势。西瓜阅读法强调了理解、计划、记忆和评估四个维度的重要性，通过引导阅读者制订清晰的阅读计划，合理地规划时间，借助科学的笔记方法进行归纳、整理和总结，让我们在保障阅读进度的同时，充分理解和记忆所读内容。

综上所述，西瓜阅读法之所以好用，是因为它既有脑科学的科学性，又有UP-ME原则的实用性，同时为阅读者提供了一套简单可行的操作流程。

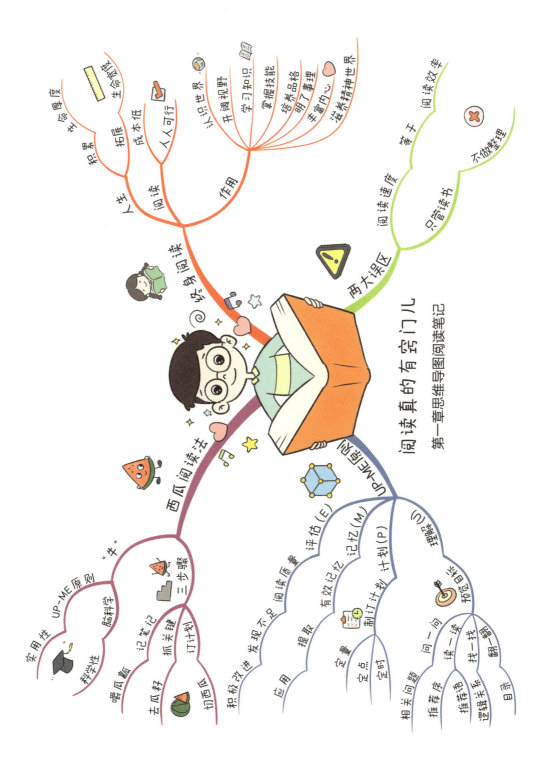

小目标

- "三天打鱼,两天晒网"的请举手
- 用目标分解法制订阅读计划
- 落地阅读计划关键要做到这两点
- 养成好习惯偶尔需要上点"手段"
- 高效的阅读计划离不开这张表

02
第一步：切西瓜——订阅读计划

小目标

"三天打鱼，两天晒网"的请举手

记得多年前看过一条有趣的短视频，一个人给自己的好兄弟打电话，问道："出来混最重要的是什么？"对方拿着电话毫不犹豫地回答道："出来混最重要的当然是讲义气。"接着，打电话的人似乎被惹毛了，对着手机一阵大喊："出来混最重要的是'出来'。我在楼下等你一个多小时了，快给我下楼！"

这条短视频有点搞笑，但也很真实。就像许多人把"我喜欢读书"当作口头禅挂在嘴边，实际上在阅读时却总是"三天打鱼，两天晒网"。书是买了一大堆，但读完的却没有几本。如果你正好被说中了，请举手！不要着急，接下来，我们会深度剖析造成这一问题背后的成因，帮助大家破除阅读障碍。

"三天打鱼,两天晒网"形容一个人做事经常中断,不能持之以恒。在阅读过程中,许多人时常会陷入这种困境。在调研和分析了大量阅读者所遇到的问题之后,我们发现这一问题主要是由阅读者的内在心理和外部环境两方面因素导致的。

内在心理因素

1. 缺乏阅读动力或兴趣

有时候,我们阅读的内容可能并非自己真正感兴趣的,只是心血来潮买了一本书;或者没有充分认识到这本书的真正价值和意义,导致我们缺乏持续阅读的内在动力。毕竟并不是所有的阅读内容都是好理解和有趣的。

2. 注意力比较分散

在阅读时,我们经常面临各种诱惑和干扰,比如社交媒体、短视频、热点新闻等。这些都很容易分散我们的注意力,导致我们无法专注于既定的阅读任务上。

3. 期望短期回报

很多人希望读完一本书就立刻能看到效果,如果短期内看不到明显的改变,就难以持续阅读。然而,阅读是一个长期的过程。阅读不像玩电子游戏,几乎不具备即时反馈的特点。

1. 缺乏阅读动力或兴趣

2. 注意力比较分散

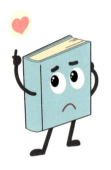

3. 期望短期回报

内在心理因素

所以，我们必须承认一个摆在我们面前的事实：**高质量的阅读需要持久的耐心。**

外部环境因素

1. 阅读时间不足

学习或其他日常事务可能占据了我们大部分的时间，使得能够用来阅读的时间非常有限。一句话总结就是：留给阅读的时间不多了。

2. 各种压力干扰

学习和生活中的各种压力和焦虑会影响我们的心情和状态，使得我们难以静下心来进行沉浸式阅读。

3. 经常被迫中断

与同学或朋友聚会、参加各种社交活动等会占据我们很多业余时间，进而导致既定的阅读计划中断。如果阅读计划经常被迫中断，就很难继续维持。

1. 阅读时间不足

2. 各种压力干扰

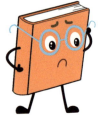

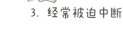

3. 经常被迫中断

外部环境因素

除了以上两类主要因素外,阅读者的身体状况也是影响阅读计划和阅读质量的因素之一。比如,疲劳可能导致我们的注意力不集中,很难进行阅读活动。

也就是说,在我们的身体和精神状态还没有准备好的情况下,先不要盲目开始阅读活动。

要解决"三天打鱼,两天晒网"的阅读问题,我们可以试着从以下四个方面入手。

1. 选择适合的阅读材料

选择适合的阅读材料有利于提高阅读的持续性。每个人的阅读兴趣和需求不同，选择自己感兴趣的阅读题材和难度适中的书籍，可以更好地保持阅读热情。

2. 设定明确的阅读目标

在开始阅读之前，要先确定自己想要通过阅读这本书获得什么。比如提高知识储备、增强文学素养，或者仅仅是为了娱乐消遣。明确的阅读目标可以帮助我们提高阅读的积极性并坚持阅读。

3. 制订合理的阅读计划

将阅读纳入日常生活，设定固定的阅读时间，确保有足够的连续性。可以设置每日、每周或每月的阅读目标，逐步积累，培养良好的阅读习惯。

4. 打造舒适的阅读环境

在一个安静、舒适的环境中阅读可以帮助我们更好地专注于阅读的过程。尽量避免在嘈杂的环境中阅读，以免分散注意力。

除了以上提到的具体方法外，还有一些技巧可以帮助我们更好地坚持阅读。比如，与他人分享阅读体验，通过交流增加阅读的乐趣；尝试使用便笺纸等工具来记录自己的阅读心得和感受，以便进行回顾和总结。

总之,"三天打鱼,两天晒网"的问题在阅读过程中普遍存在。阅读是一项长期的投资,需要我们不断地努力和积累,保持耐心和毅力。通过坚持阅读,我们可以不断丰富自己的知识和经验,提高自身的综合素质,养成持续阅读的良好习惯。

说读就读,说干就干,以结果为导向,有志阅读者从不轻言放弃!

用目标分解法
制订阅读计划

目标分解法是一种将大目标分解成若干个小目标的思考方法，类似于"切西瓜"。西瓜的个头太大，我们不可能直接去啃，而是先要用刀把大西瓜切成小块，然后再一块块吃掉。这种方法好在哪儿呢？

首先，目标分解法有助于我们更好地管理和推进阅读的进程。通过将大的阅读目标分解成若干个小目标，我们可以更有条理地逐步实现整体目标。每个小目标都是整体目标的一部分，完成所有小目标，整体目标自然也就达成了。就像玩拼图游戏一样，每一个小目标相当于拼图的一小块，全部拼接在一起就是完整的画面了。

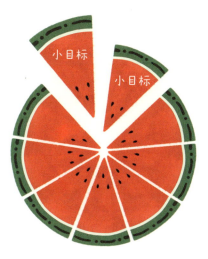

目标分解法

其次,目标分解法不仅是一种有效的阅读管理方法,更是一种高效的思维方式。这种思维方式帮助我们从全局出发,把握整体阅读目标,然后将其细化为具体的、可操作的小目标。这样不仅可以使阅读更加有序,减轻阅读压力,还可以使每个小目标都更加具体、明确,更容易实现。

西瓜阅读法讲究计划性,因为没有计划的阅读,往往很难持续,容易半途而废。为了解决这个问题,我们可以使用目标分解法来制订阅读计划,这也是西瓜阅读法的第一步:订计划(切西瓜)。

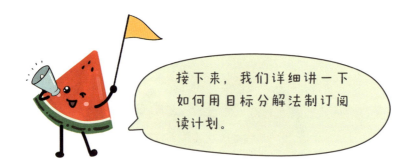

接下来,我们详细讲一下如何用目标分解法制订阅读计划。

首先,我们要确保整体阅读目标的明确性和具体性。比如,先要了解清楚我们要读的这本书有多少个章节,有多少页,预估或希望自己在多长时间内读完,这样才能更好地将其分解成具体的小目标。

其次,要合理分解小目标,既要考虑可行性,又要考虑挑战性,以调动自己的阅读积极性。==有时候设置一些"跳一跳"才能够得着的小目标,达成之后反而更有成就感。==

分解阅读目标的思路有两种:
一、定时分解法
二、定量分解法

一、定时分解法

比如,根据自己的预估,读完这本书大概需要6小时,那么,我们可以每天固定拿出1小时来进行阅读,6天就能把书读完。在不影响其他重要事务的前提下,尽可能把阅读时间固定下来,如早晨8点或晚上8点等。

固定的阅读时间能帮助大脑形成习惯,让身体形成肌肉记忆,有助于我们养成持续阅读的习惯。

定时分解法

如果你的专注力比较弱,每次阅读1小时非常困难,可以尝试使用番茄钟进行计时阅读。

一个番茄时间是25分钟,集中精力阅读25分钟对大部人来说都不算困难。番茄钟响起后进行短暂休息(5分钟即可),然后再进入下一个番茄时间(25分钟)。也就是把原来1小时的阅读时间分解成两个番茄钟的时间,中间休息5分钟,调整好状态后再继续阅读。

如果每次阅读的时长是30分钟,可以设定一个番茄时间(25分钟),番茄钟响起后剩余的5分钟用来复习刚刚读过的内容。

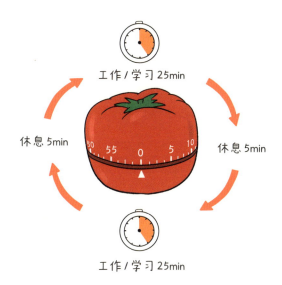

二、定量分解法

02 第一步：切西瓜——订阅读计划

比如，先根据时间安排和阅读能力，预估自己每次能读多少页。然后，取一个相对合理的页数或"跳一跳"才能够得着的目标，作为每次阅读的小目标。将一本书的页数除以每次阅读的小目标，我们就能计算出大概需要读多少次能读完这本书。

定量分解法

当然，不管是定时分解法，还是定量分解法，我们在实际执行过程中都要保持阅读的灵活性。比如，你的阅读目标是每次读半个小时，闹铃响起后如果没有其他特殊安排，自己又正在兴头上，可以适当增加阅读时长。同理，也可以适当增加阅读页数。

每次读完后记得用书签做好页码标记，以便下次快速定位阅读。

除此之外，我们在制订阅读计划时，并不是必须每天都要有阅读任务，而是根据自己的实际情况，选择合适的阅读时间。

在阅读计划推进的过程中，==我们一定要及时跟进每个小目标的完成情况，以便及时调整阅读计划，确保整体目标的顺利完成==。

比如，我们在阅读过程中发现某个章节的阅读难度非常大，一次读不完，不好理解，我们就可以把这个章节分解成多个小目标，延长阅读周期，再各个击破。

只要思想不滑坡，方法总比困难多。

落地阅读计划关键
要做到这两点

制订阅读计划的目的是保障阅读的持续性,并最终完成阅读目标。要想真正落实阅读计划,我们一定要做到以下两点:

第一,知道怎么干。

在考量一个阅读计划的可行性时,第一点就是看该计划是否做到了定时、定点、定量。也就是让自己知道需要在什么时候,用多长时间,读多少内容,有一个明确的阅读目标。知道怎么干了,干的可能性才大,计划才能落地执行。

第二,坚持一直干。

执行阅读计划讲究自律性,也就是"坚持",没有落实到行动上的阅读计划都是"纸上谈兵"。知道怎么干了,剩下的就是严格执行阅读计划,随机应变,坚持干。我们不能做思想上的巨人,行动上的矮子。

晚清一代名臣、战略家、文学家曾国藩在谈读书中提到:"盖士人读书,第一要有志,第二要有识,第三要有恒。"意思是指士人读书,第一要有志向,第二要有见识,第三要有恒心。而且三者缺一不可。

尤其是"恒心",一个人纵然有远大的志向和广博的见识,如果没有一颗恒心,不能坚持,到最后也只是竹篮打水一场空。"业精于勤,荒于嬉"也是这个道理。

养成好习惯偶尔需要上点"手段"

阅读和玩游戏最大的区别在于,阅读是一个长期工程,有时候会稍显枯燥和无聊,需要刻意坚持。可能在读完一整本书之后我们才能恍然大悟,领悟书中的要义,如视珍宝。

而玩游戏属于娱乐活动,具有自主自发性,在游戏中能够获得即时反馈(奖赏),容易沉溺其中,甚至上瘾。因此,如果我们在阅读计划中增加一套好玩的奖罚机制,那么阅读就会变得像玩游戏一样有趣了。

说实话,人的内在心理都是趋利避害的。所以我们在设置奖罚机制时,既要有看得见的"奖",也要有摸得着的"罚"。奖的部分最好和自己的兴趣爱好相关,这样可以激发阅读的主动性。

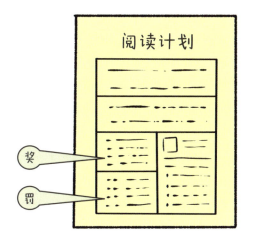

假设你是一个电影迷。如果每完成一次阅读任务积5分,那么连续完成10次阅读任务累积50分后,就可以奖励自己看一场电影。如果完成了所有阅读任务,还可以奖励自己环球影城一日游。投其所好的奖励更有诱惑力。

接下来我们说一下"罚"。我们在设置"罚"的部分时，有一个基本原则：有益身心。严格意义上讲，设置奖罚机制是为了"奖"，而不是为了"罚"。

得到奖励，说明我们认真读了，并且完成了相应的阅读计划，这才是我们真正想要的结果。但是，如果真的因为懈怠或偷懒没有完成阅读任务，适当的惩戒有时候也是有一定的必要性的。

比如，因为偷懒没有完成既定的阅读任务，扣除5个阅读积分，惩罚到公园慢跑两圈。累积两次阅读任务没有完成，惩罚家庭大扫除一次等。切忌设置极端的惩罚方式，在自己的能力范围内最重要。

好玩、有趣、有创意的奖罚机制，既能够提高我们的积极主动性，又能提高参与感。我们甚至可以每天给自己设置不同的奖罚机制。书要读，奖要拿，两手抓，两手都要硬。边读边玩，乐在其中。

当然，并不是每个阅读者都需要设置奖罚机制。对于真正热爱读书、自律性强的人来说，他们甚至连阅读计划都不需要，因为他们相信阅读本身就是最大的奖赏。

最后强调一点：奖罚机制因人而异，有益身心是关键，一定要灵活设置。

高效的阅读计划
离不开这张表

为了帮助大家制订切实可行的阅读计划,我们基于目标分解法的原理,设计了一套可量化的《西瓜阅读计划表》,表格简单实用,一看就懂。

具体如何使用呢?

在使用《西瓜阅读计划表》时,一定要根据自己的阅读习惯和能力,如实填写相关信息,按照定时、定量的原则制订阅读计划。

西瓜阅读计划表

书名		作者	
一句话讲清楚这是一本关于什么主题的书			
阅读这本书的目的或想要解决的问题（1~3个）			
章节数量		页码数量	
阅读计划	预计在_____天内，分_____次读完 补充说明：_____		
每次目标	每次阅读_____时长/页数 补充说明：_____		
奖罚机制	奖： 罚：		
阅读计划进度条			
	起始时间：___年___月___日		
	🍉🍉🍉 🍉🍉🍉 🍉🍉🍉 🍉🍉🍉 🍉🍉🍉 🍉🍉🍉 🍉🍉🍉 🍉🍉🍉 🍉🍉🍉		
	截止时间：___年___月___日		
阅读完本书后的收获与心得			

比如，在"阅读计划"这一栏我们需要写清楚**预计在多少天内，分多少次读完这本书**。还可以进行补充说明，是不是每天都有阅读任务，一天读几次等。

再比如，在"每次目标"这一栏我们需要写清楚**每次阅读多长时间，或者每次读多少页**。可以补充说明，是用定时分解法分解阅读目标，还是用定量分解法分解阅读目标。

特别提醒一点：
"每次目标"不是指每次用多长时间读多少页。

除此之外，还可以补充说明，**每次在几点钟开始阅读**等。阅读目标越具体，任务越清晰，也就越容易达成，每次完成阅读任务后也就更有成就感。

"阅读计划进度条"是阅读打卡记录系统。在每个小方格里我们画了一块西瓜，每完成一次阅读任务，就可以用水彩笔把对应的西瓜涂成红色。如果因为特殊原因需要暂停一次阅读任务，我们可以把西瓜涂成黄色。如果只是完成了一部分阅读任务，剩余的部分需要安排其他时间后补，我们可以涂半个西瓜。

涂满红色代表全部完成打卡成功；涂满黄色代表暂停一次；涂半个西瓜代表部分完成，需要后补。当然除了这些最基本的涂色规则外，你还可以独创一些更有趣的标记方法。

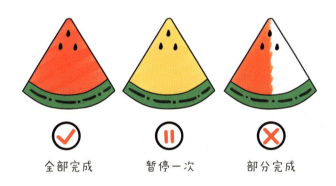

全部完成　　暂停一次　　部分完成

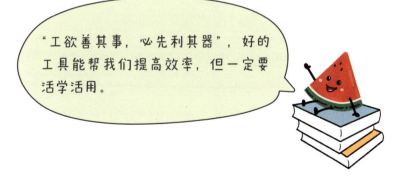

"工欲善其事，必先利其器"，好的工具能帮我们提高效率，但一定要活学活用。

假设我们计划利用周末两天时间集中精力读完一本新书。如果这是一个既定的，几乎雷打不动的阅读计划，我们基本上就不太需要使用《西瓜阅读计划表》了。如果觉得自己还需要一些监督和提醒，那么就可以使用《西瓜阅读计划表》，再结合一些有趣的奖罚机制来督促自己按时完成阅读任务。

比如，我们可以把一天的阅读时间分解成早、中、晚三个时间段，周末两天就有6个可以用来阅读的时间段。再根据自己的生活喜好设置一个有诱惑力的奖罚机制，说不定读起来会更有动力。

早晨
阅读1小时

中午
阅读1小时

晚上
阅读1小时

以上就是西瓜阅读法的第一步：订计划（切西瓜）。

老子在《道德经》中有言:"图难于其易,为大于其细。"意思是指处理困难的问题要从容易处着手,做大事要从细微处着眼。

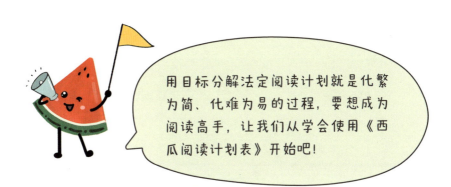

用目标分解法定阅读计划就是化繁为简、化难为易的过程,要想成为阅读高手,让我们从学会使用《西瓜阅读计划表》开始吧!

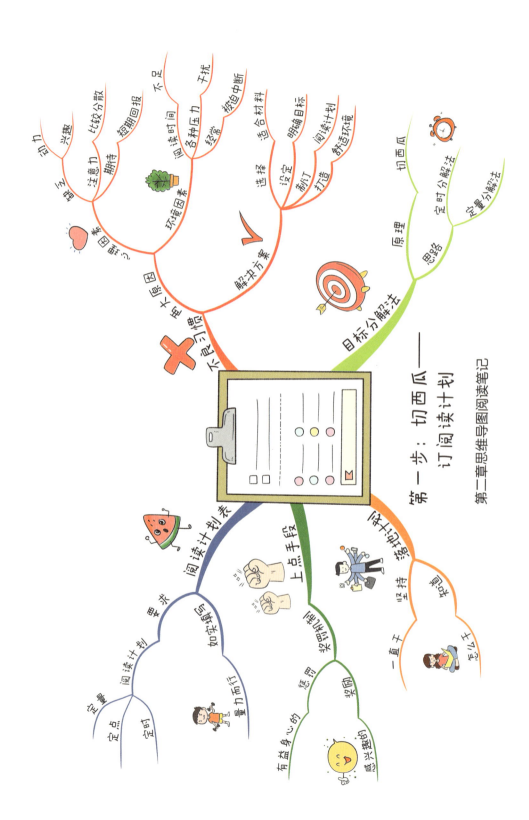

- 关键词！你跑不掉
- 用符号标记法"放大"关键词
- 每个人都是被埋没的"涂鸦高手"

03

第二步：去瓜籽——抓阅读关键

关键词!
你跑不掉

  读书就像打仗,我们除了要有周密的"作战计划"之外,还要有精明的"作战方案"。所以,在阅读过程中养成"抓关键"的阅读习惯是非常重要的!这也是西瓜阅读法的第二步,在吃西瓜的过程中吐掉嘴里的西瓜籽,留下最香甜的瓜瓤,也就是抓关键。

大部分人在阅读过程中或多或少都有一个习惯，就是在自己认为重要的或读起来有感觉的句子下面画横线。我们一般把这些句子统称为关键句。画关键句是标记阅读重点的一种常用方法。这个习惯很重要，对于提高阅读效率也非常有帮助。

但是，如果只是在关键句下面画横线，往往只能起到提示和提醒句子重要性的作用，不能帮助我们一目了然地抓住句子想要表达的核心意思。

那我们应该怎么做才能抓住句子的核心意思呢？

方法很简单，就是在关键句中再抓关键。讲得通俗一点，就是直接在关键句中圈出关键词。

如果我们只是在关键句下画横线，再回读或复习的时候，基本上需要把整个句子再逐字重读一遍。而且，阅读重点不突出。

如果我们在阅读过程中直接画出关键句中的关键词，大脑几乎不需要逐字阅读整句话，直接通过画出的关键词，就能快速回忆或复述出这句话的核心意思。而且，阅读重点突出。

举例1：画关键句

象形文字是从原始社会简单的图画和花纹中演变而来的。

举例2：画关键词

象形文字是从原始社会简单的图画和花纹中演变而来的。

通过阅读过程中的视觉对比，我们可以直接感受到这两种画线方式的区别之处。

所以，阅读高手和普通人往往都是在细微之处拉开差距的。因此，**我们在阅读过程中一定要养成"圈关键词"的阅读习惯**。这样我们就能以点带面，快速抓住关键信息，提高阅读效率了。

接下来，我们就探讨一下如何快速判断句子中的关键词。

关键词是用来表达一句话核心意思的重要词语。

通俗一点来讲,如果在一句话中少了某个词,这句话的核心意思就会不完整或发生改变,那么这个词就一定是关键词。

比如:

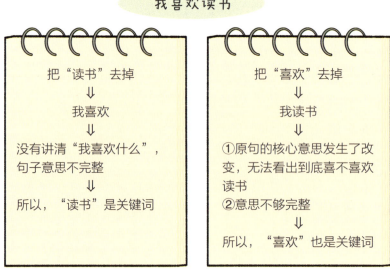

大家明白了什么是关键词,下面我们讲一下:

快速判断关键词的三种方法。

第一,在一句话中主语一定是关键词。

举例:

①苏美尔人发明了楔形文字。

分析:主语是"苏美尔人",所以"苏美尔人"一定是关键词。

②《茶馆》是老舍先生的代表作。

分析:主语是《茶馆》,所以《茶馆》一定是关键词。

第二,动词后面接的词一定是关键词。

举例:

①我看到一群大雁正在往南飞。

分析:动词"看",看到的对象是"大雁",所以"大雁"一定是关键词。

②我在阳台上养的向日葵开花了。

分析:动词"养",养的对象是"向日葵",所以"向日葵"一定是关键词。

第三,被形容词修饰的词一定是关键词。

举例:

①哈利波特总是梦到那个大雨滂沱的<u>雨夜</u>。

分析:形容词"大雨滂沱的",修饰的对象是"雨夜",所以"雨夜"一定是关键词。

②大家站在白色的<u>灯塔</u>上眺望着一望无际的<u>大海</u>。

分析:形容词"白色的",修饰的对象是"灯塔"。形容词"一望无际的",修饰的对象是"大海",所以这句话中"灯塔"和"大海"一定是关键词。

这里需要提醒大家一点:在判断关键词时,以"动词"和"形容词"为基准可能找到的是同一个关键词。

比如，"大家站在白色的<u>灯塔</u>上眺望着一望无际的<u>大海</u>"这句话。

用形容词我们判断出的关键词是"灯塔"和"大海"。

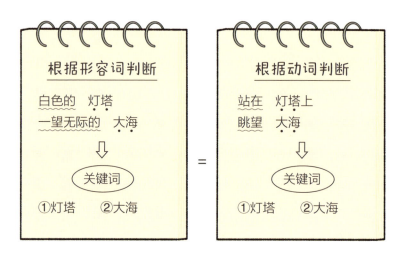

这种情况属于正常现象，因为动词和形容词后面所衔接的词可能是同一个词。另外，并不是每句话中都一定有形容词。所以不管黑猫白猫，能抓住老鼠的就是好猫。

我们通过上面三种方法分析出来的词语一定是关键词，而且是句子中不可或缺的词语，我们也可以把它们统称为"<u>核心关键词</u>"。

举例:

我喜欢穿那件蓝色的外套。

分析:通过上面三种判断关键词的方法,我们可以轻易判断出:

主语"我"一定是关键词。

动词"穿"和形容词"蓝色的"所形容的对象是同一个关键词"外套"。

如果只有"我"和"外套"两个关键词,句子的核心意思就不完整,看不出"我"和"外套"之间的关系。所以,要把"喜欢"这个动词作为关键词。这时句子就有了完整的意思"我喜欢外套"。

但是,原句表达的核心意思是喜欢"那件蓝色的外套",并不是随便一件外套。所以,"蓝色的"也是关键词。

因此,在这句话中一共有四个关键词,除了"我"和"外套","喜欢"和"蓝色的"也是关键词。

在一句话中除了核心关键词外,剩下的词语哪个是关键词,我们需要根据句子所要表达的核心意思进行灵活分析和判断。

同样的一句话,有的人可能只需要两个关键词就能理解和记住,有的人可能需要三个关键词才能理解和记住。所以,在判断关键词时我们还需要根据自己的记忆力和语言水平进行灵活选择。

举例:

第一次世界大战爆发于1914年。

分析:"第一次世界大战"是主语,"爆发"是动词,第一次世界大战爆发的时间是"1914年"。所以"第一次世界大战""爆发""1914年"这三个词就是关键词。

如果有些信息本身就是你知道的常识性或记忆深刻的内容,关键词也可以简化。

比如通过"第一次世界大战"和"1914年"两个关键词,我们可以很轻松地联想到它的核心意思是"第一次世界大战爆发于1914年",那么"爆发"这个关键词就可以省略掉。

不过,这种情况因人而异,如果你是第一次学习到这个知识点,没有"爆发"这个动词就没有办法精准记住句子的完整意思,那么"爆发"这个关键词就要保留。

光说不练假把式,纸上谈兵没有用。接下来,我们可以拿出一支铅笔试着画出下面这些句子的关键词。

大胆尝试,行动才能见结果。

1. 大脑具有可塑性。

2. 一个人只要有意志力，就能超越他的环境。

3. 记忆是学习之母。

4. 读一本好书，就是和许多高尚的人谈话。

5. 机遇只偏爱那些有准备的头脑。

6. 有很多良友，胜于有很多财富。

7. 原谅他人就是放过自己。

8. 一个伟大的人有两颗心：一颗心流血，一颗心宽容。

9. 我这个人走得很慢，但是我从不后退。

10. 笑，就是阳光，它能消除人们脸上的冬色。

用符号标记法 "放大"关键词

记忆是阅读的重要一环,因为只有记得住,我们才能用得上。如何在阅读过程中使读过的内容在大脑中留下深刻的印象,是每个阅读者都曾思考过的问题。

说起记忆,我们不得不提到古希腊伟大的思想家、哲学家柏拉图,他提出了著名的"蜡版假说"理论。柏拉图认为,人对事物获得印象,就像有棱角的硬物在蜡版上留下印记一样。人对事物获得印象之后,随着时间的推移,该印象会慢慢地淡化直至完全消失,就像留有印记的蜡版表面逐渐恢复光滑一样。虽然这种说法并不完全准确,但对于人类认知记忆的概念已经有了最基本的雏形。

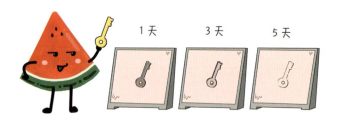

随着脑科学的发展，人们对大脑到底是如何记忆的有了更科学的认知。其实，大脑的记忆原理非常简单。

当我们学到一个新的知识时，大脑中就会形成一个新的神经元连接。刚开始，这个神经元连接相当脆弱和不稳定，但是随着我们每次对新知识的复习和使用，这一神经元连接就会得到加强。每次重复，大脑都会释放髓磷脂，这种物质会包裹住神经元，帮助信息更有效地传递，于是记忆就会变得更加牢固。

那么，我们平时在阅读的过程中，如何做才能使读过的内容在大脑中留下更深刻的印象呢？

给大家分享两个非常重要的策略，而且一学就会，超级简单。

第一，圈出关键词。

第二，放大关键词。

圈出关键词一方面可以提示我们阅读的重点是什么；另一方面也可以提醒我们记忆的重点是什么。这样有利于提高我们阅读时记忆的精准度。

放大关键词是指放大关键词在大脑中的印象。第一印象越深刻，大脑中的神经元连接越牢固，记忆也就越牢固。

放大关键词在大脑中的印象,最有效的方法是借助图像,因为大脑对图像的记忆效率是最高的。

比如,当我们看到某个长得像对号的标志时,就会联想到一个国际运动品牌——耐克。

再比如,当提到麦当劳时,我们的大脑中不会浮现"麦当劳"三个字,而是一个"M"的形状,也就是麦当劳的标志。当然,除了麦当劳的标志外,我们可能还会想到自己最爱吃的汉堡和薯条。

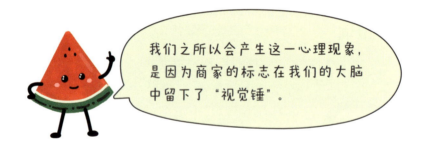

我们之所以会产生这一心理现象,是因为商家的标志在我们的大脑中留下了"视觉锤"。

视觉锤是广告营销中一个非常重要的概念。通过在消费者心中占据独特的视觉概念,让品牌在消费者的脑海中留下深刻印象。从脑科学的角度来讲,就是赋予某个符号或图像特定的意义,用来加深用户对品牌的记忆,提高品牌的认知度和用户的忠诚度。

我们在阅读过程中同样可以使用"视觉锤"这一原理,用来放大关键词在大脑中的印象,提高第一印象的记忆深刻度。

举例:

一瞬间,寒意咬住了我,就像老鼠对待奶酪。

关键词:瞬间、寒意、咬住、我、老鼠、奶酪。

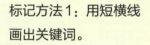

标记方法1:用短横线画出关键词。

一瞬间,寒意咬住了我,就像老鼠对待奶酪。

分析：这种标记关键词的方法比较传统，直接在关键词下面画短横线即可。

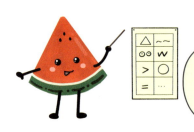

标记方法2：适当结合关键词的意思，用不同形状的符号及简单图形标记关键词。

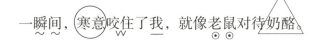

分析：这种标记关键词的方法不再局限于使用短横线，而是使用不同的标记符号，同时还使用了一些与关键词有一定关联性的简单图形。

比如：

咬住：用像牙齿的图形"w"来标记。

老鼠：用像眼睛的图形"☉☉"来标记。

奶酪：用像奶酪的图形"△"来标记。

这样标记关键词不仅能突出重点，而且能加深记忆。

标记方法3：适当结合关键词的意思，用不同形状的符号及简单图形和图像标记关键词。

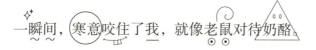

分析：这种标记关键词的方法是第二种方法的升级版，使用了一些与关键词有关联性的简单图像，而不再是简单的图形结构。

比如：

瞬间：左上角画了"小星星"的图像，代表"稍纵即逝"的瞬间。

咬住：下面画了一个露着龅牙的嘴巴。

老鼠：上面画了一条卷曲的尾巴。

奶酪：在原来的三角形中画了几个小气泡，这样更像一块香甜的奶酪。

这样标记出来的关键词不仅便于理解，而且能够使记忆过程更加生动有趣，有助于提高记忆的深刻度。简单讲就是用

"视觉锤"把记忆的钉子敲得更结实。

通过对比，我们发现用有关联性的图形或图像标记关键词，能放大关键词在大脑中的"第一印象"，在辅助阅读的同时又能实现精准记忆。

我们把这种在阅读过程中，使用多样的特殊符号和简单的图形符号标记关键词的方法称为"符号标记法"。

用"符号标记法"圈关键词时还要联想图形或图像，又要画出来，多耽误阅读速度，这不是把事情搞麻烦了？

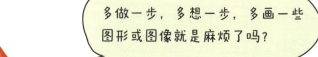

多做一步,多想一步,多画一些图形或图像就是麻烦了吗?

当然不是!读完书,找不到重点,一问三不知,什么都没记住,才是"最大的麻烦"。

当然,我们在使用符号标记法圈关键词时不一定都要使用图像,可以以特殊符号和简单图形为主,给个别的核心关键词标记一些创意图像即可。这样既能降低符号标记法的使用难度,又能以图文并茂的形式突出句子中的重点关键词。

我们都知道凡事熟能生巧,"熟"指的是通过刻意练习变得熟练。就像我们学习骑自行车一样,刚开始学习时可能经常摔倒,骑不稳。但是当我们熟练掌握骑自行车的技巧后,不仅可以骑得稳稳当当,而且还可以载人或载货,也就是熟能生"巧",举一反三。

每个人都是被埋没的"涂鸦高手"

你小时候有没有过类似的经历,当你拿着画笔在墙壁上无忧无虑地随意涂鸦时,一个呵斥的声音从背后传来:"干什么呢?不要在墙上乱写乱画!"你吓得赶紧停下来,默默地把画笔藏在身后,接着偷偷塞进抽屉里。从那一刻开始,如果你再也不敢拿起画笔,那么,你先天就具备的强大的图像表达能力就会像一颗被深深埋藏在沙砾之中的钻石一样,从此不见天日。

或许我们每个人并非是天生的画家或艺术家,但是我们每个人一定是天生的涂鸦高手。请大家先不要着急说"我不行",其实,**我们与生俱来的涂鸦能力,只需要稍加调动和练习,就能在大脑中被重新激活**。你只是需要一点点行动的勇气来唤醒它而已。

接下来,我们就用符号标记法将下面这些句子中的关键词全部标记出来。通过练习,一方面我们可以掌握符号标记法的使用技巧,另一方面有助于我们慢慢地重启这种与生俱来的涂鸦能力。这种涂鸦能力是人类创造力和想象力的自然流露,对于标记关键词、提高阅读效率也能起到锦上添花的作用。

举例:

1.在自然界中许多聪明的动物都会使用工具。

在自然界中许多聪明的动物都会使用工具。

分析:这句话中的关键词包括:自然界、聪明的、动物、使用、工具。

自然界:下面画的是流水的形状,因为在自然界中所有的生物都离不开水。

聪明的:上面画了一个大拇指,表示大脑很厉害。

动物:下面画了两个小黑点,就像动物的黑色小眼睛。

使用:下面画了一个对号,表示确定。

工具:上面画了一个锤子。当然,也可以用扳手或螺丝刀来替代它。

2.真正重要的东西用眼睛是看不到的。

真正重要的东西用眼睛是看不到的。

分析：这句话中的关键词包括：真正、重要、东西、眼睛、看不到。

真正：下面画了一个对号表示确定。

重要：画了一个心的形状，表示非常重要，内心非常重视。

东西：直接用短横线标记。

眼睛：除了下面标记两个小黑点之外，上面画了一双眼睛的形状。

看不到：上面画了一个叉，表示否定。

3.人可以被毁灭，但不能被打败。

分析：这句话中的关键词包括：人、可以、毁灭、不能、打败。

人：直接用波浪线标记。

可以：下面画了一个对号，表示确定。

毁灭：画了一个地雷，表示一种破坏力（被毁灭）。

不能：下面画了一个叉，表示否定。

打败：上面画了一个拳击手套，表示被对手打败。

4.每一个生命的诞生都是一种奇迹，都值得被我们尊重。

每一个生命的诞生都是一种奇迹，都值得被我们尊重。

分析：这句话中的关键词包括：生命、诞生、奇迹、值得、尊重。

生命：下面画了一颗心，表示跳动的生命。

诞生：下面画了两个蛋，根据谐音联想到诞生。

奇迹：上面画了一颗流星，表示奇迹本身是很少能看到的，就像一闪即逝的流星一样。

值得：下面画了一个对号，表示确定。

尊重：下面画了一个长长的等于号，表示一种平等的尊重。

5.守塔人的职责是从日落到日出守护塔灯，永远不能让塔灯熄灭。

守塔人的职责是从日落到日出守护塔灯，永远不能让塔灯熄灭。

分析：这句话中的关键词包括：守塔人、职责、日落、日出、守护、塔灯、永远、不能、塔灯、熄灭。

守塔人：直接用波浪线标记。

职责：下面画了两个黑色正方形，可以想象成黑色公文包。

日落和日出：分别画了两个圆代表太阳，向下箭头表示日落，向上箭头表示日出。

守护：下面画了一个对号。

塔灯：上面画了一个闪闪发光的灯泡。

永远：下面画了一个无限符号，表示没有尽头，也就是永远。

不能：下面画了一个叉，表示否定。

塔灯（第二个）：用短横线标记。

熄灭：上面画了两个小叉，表示塔灯没有亮。

6. 曲曲折折的荷塘上面，弥望的是田田的叶子。

分析：这句话中的关键词包括：曲曲折折的、荷塘、弥望、田田的、叶子。

曲曲折折的：用一条曲曲折折的线来表示。

荷塘：上面画了一朵盛开的荷花，强调是荷塘。

弥望：画了一个圆圈，可以想象成眼睛的瞳孔。

田田的：下面画了两个小黑点，重点强调了"田"字。

叶子：两个字中间画了一个荷叶，表示看到的是荷花的叶子。

7. 在满园弥漫的沉静光芒中，一个人更容易看到时间，并看见自己的身影。

在满园弥漫的沉静光芒中，一个人更容易看到时间，并看见自己的身影。

分析：这句话中的关键词包括：满园弥漫、沉静光芒、人、容易、看到、时间、看见、自己、身影。

满园弥漫：用一个封闭的图形代表整个园子。

沉静光芒：上面画了一道道阳光。

人：直接用短横线标记。

容易：下面画了一个笑脸。

看到：上面画了一双眼睛。

时间：画成一个钟表，把时间具象化。

看见：上面也画了一双眼睛。

自己：直接用波浪线标记。

身影：画了一条黑漆漆的粗横线，就像人的影子一样。

8.不要憎恨你的敌人，那会影响你的判断力。

分析：这句话中的关键词包括：不要、憎恨、敌人、影响、判断力。

不要：下面画了一个叉，表示否定。

憎恨：上面画了生气的符号，表示憎恨的情绪。

敌人：旁边画了一个人。

影响：下面画了一条波浪线，可以联想成受到影响，思绪混乱。

判断力：用了一个大大的对号，用来表示准确性。

9.她有一颗如钻石般闪闪发光的美丽心灵。

分析：这句话的关键词包括：她、钻石、闪闪发光、美丽心灵。

她：直接用波浪线标记，也可以用"♀"（女性符号）标记。

钻石：上面画了一颗钻石的图像。

闪闪发光：上面画了星星闪光的图像。

美丽心灵：上面画了一颗爱心和一对天使翅膀，表示心灵的纯洁和美丽。

10.肯尼拖着他的双腿，走得比陷在糖浆里的三条腿的树懒还要慢。

肯尼拖着他的双腿，走得比陷在糖浆里的三条腿的树懒还要慢。

分析：这句话中的关键词包括：肯尼、拖着、双腿、走得、陷、糖浆、三条腿、树懒、慢。

肯尼：人名，直接用波浪线标记。

拖着：下面画了两个小黑点。

双腿：下面画了两条斜竖线表示两条腿。

走得：下面画了一个向右的方向箭头，表示向前走。

陷：下面画了一个"v"的形状，可以联想成一个陷阱。

糖浆：下面画了一堆缠绕在一起的线，就像黏稠的糖浆一样。

三条腿：下面画了一连串的数字"3"，强调数量。

树懒：画了一个圈，表示圆滚滚的身体。

慢：旁边画了一只蜗牛，因为蜗牛爬得很慢。

这里需要特别强调的一点是：我们在用符号标记法圈关键词时并没有所谓的"标准答案"。

在标记时不用纠结自己画得好看不好看，画得像不像，以及其他诸如此类的问题。只要自己能看懂，知道要表达的意思是什么，就可以。

严格意义上讲，并不是对每个关键句的所有关键词都要进行标记，有时候重点标记几个核心关键词，也能达到同样的阅读和记忆效果。

另外，用符号标记法圈完关键词后，句子在视觉上确实没有用短横线画关键词显得整齐。但是，用符号标记法圈过的句子，重点突出，记忆效果更好，复习效率更高。

一句话总结：有效果比整齐更重要。

还有一点就是，我们在使用符号标记法时，如果用的标记符号与关键词能有一定的关联性，那么会更有助于强化和记忆关键词。

比如，"她的人生曲折如戏"，我们就可以用"～～～"（波浪线）来标记"曲折"这个关键词，弯弯曲曲的结构，代表一个人曲折的一生。

当然，并非每一个标记符号都一定要和关键词有关联性。找不到有关联性的标记符号也没有关系，索性我们就随便选一个，大脑里当时跳出来的是哪个符号就用哪一个，不用纠结。

切记：不要一直用短横线标记关键词。

符号标记法是一把"视觉锤"。我们在阅读过程中，只要大胆尝试，善用这把"锤子"，就能在知识的山林中，轻而易举地开凿出属于自己的黄金宝藏，提高阅读效率。

- 可视化笔记让记忆更高效
- 深度阅读的好工具——思维导图
- 如何用思维导图记阅读笔记
- 共享导图实现"裂变式"阅读

04

第三步：嚼瓜瓤——记阅读笔记

可视化笔记
让记忆更高效

> 要想教给人们一种新的思维方式,就不要刻意去教,而应当给他们一种工具,通过使用工具培养新的思维模式。
>
> ——彼得·圣吉《第五项修炼》

记忆是学习之母。大脑是人体中最为复杂的器官,它承担着处理记忆、思维、情感、运动等多项重要功能。大脑中的神经元网络是信息存储与处理的基础,这些神经元通过突触连接形成复杂的网络结构,使得大脑能够接收、处理并存储大量的信息。

我们眼睛看到的,耳朵听到的,鼻子闻到的,舌头尝到的，身体触碰到的，以及头脑臆想到的信息，都会在大脑中留下印迹。

无论是在生活中，还是在学习中，阅读都是我们获取信息的最主要途径之一。但没有记忆的阅读几乎是没有意义的。因为，记不住就用不上。如果想把读过的文章或书籍中的核心内容快速记住，我们需要先解决下面两个最基本的问题：

第一，核心内容是什么？
第二，如何记忆更牢固？

简单讲就是："记什么"和"怎么记"两个问题。

就像猎人打猎一样，我们首先需要知道打什么猎物，然后想办法捕获它们。

关于第一个问题"记什么"，我们在第三章中已经详细讲解了如何用符号标记法圈关键词。文章或书籍中被标记的关键句以及被圈出来的关键词，就是核心内容，也就是"猎物"。

现在我们只需要解决第二个问题"怎么记"，如何捕获这些猎物，并把它们记在大脑中。

人的大脑其实跟电脑类似。如果我们平时不做文档分类和整理，积累的文件一旦多了，就会密密麻麻地全堆在一起。当我们需要某个文件时，面对着满屏的文件，就会觉得心烦意乱，无从下手。

好在电脑有检索功能，可以根据我们提供的关键词快速搜索出相关文档。当我们搜索到相关文件后，电脑还会告诉我们这个文件在电脑中的哪个硬盘，在哪个名字的文件夹中等。

然而，人脑毕竟不是电脑，无法自动检索关键词。如果我们仅凭大脑的记忆，就想把读过的东西牢牢记住，确实是件不太容易的事情。

所以，我们在第一章中就重点分析过"日常阅读常见的两个误区"。其中一个就是：只管读书，不做整理。这也是我们平时阅读效率低，读完就忘，一问三不知的重要原因之一。因此，要想读得多、记得牢，就一定要把读过的内容进行分类和整理——记读书笔记。

就像如果我们对电脑中的文件进行了相对精准且清晰的分类和整理，即使不使用检索功能，我们的大脑也会自动化地检索出该文件所在的位置，让我们在电脑中的某个硬盘、某个文件夹中快速找到所需要的文件。

这也是西瓜阅读法的第三步：嚼瓜瓤（记笔记）。

从脑科学的角度来看，大脑在处理信息时，倾向于将相似的信息进行归类并存储在特定的神经网络中。分类和整理有助

于大脑更高效地组织和存储信息,使相关的知识和概念在大脑中形成有序的神经网络结构。这种结构化的信息存储方式也有助于加快信息在大脑中的检索和提取速度。

记高质量的读书笔记不仅能帮助我们建立结构化的知识体系,促进思维发展,还能为后续的深入学习与应用打下坚实的基础。

当然记读书笔记时,如果我们只是机械地摘抄和复制文章,或者只是标记出书中的重要内容,那么这种笔记的命运往往就是"吃灰"——记完就被丢到一旁,我们不愿意看,也不愿意翻。即使翻开了,大部分人可能也看不下去,因为密密麻麻的全是文字。

这种传统的线性读书笔记,记录过程简单、机械,对于大脑来说,几乎没有任何挑战性,不需要动脑就能完成,所以大脑对它无感。所以,记录传统的线性读书笔记,记忆效率一般都不高。

随着脑科学的蓬勃发展,人们在学习领域不断地进行探究和总结,市面上涌现出了许许多多的笔记记录方法。比如,康奈尔笔记、九宫格笔记、提纲式笔记、思维导图笔记等。

通过阅读下面这篇文章,我们可以对比一下这四种笔记方法的记忆效果。

记忆脑科学

"记忆力"是由"记""忆"和"力"三个字组成的。"记"这个字通常指的是记录、记住或标识某个事物。在"记忆力"这个词中,"记"表示的是信息被大脑接收并存储的过程。"忆"这个字通常用来表示回忆或想起某个事物。在"记忆力"中,"忆"表示的是从大脑中提取或回想之前存储的信息的过程。"力"这个字在这里用来表示能力或程度。在"记忆力"中,"力"指的是学习者记住和回忆信息能力的大小。

在日常生活中,损害大脑记忆力的因素有很多,我们总结了五个比较常见的不良习惯，大家可以看看自己中了其中几个。

一、睡眠不足。睡眠是大脑休息和修复的重要过程，长期睡眠不足或睡眠质量差，会导致记忆力下降。

二、饮食不均衡。缺乏必要的营养，特别是蛋白质、维生素和矿物质，会影响大脑的正常运作，进而影响记忆力。

三、过度使用电子产品。长时间盯着屏幕，不仅会影响视力，还会分散注意力，减少思考和记忆的机会。过度使用手机、电脑等设备的记事本功能，会导致大脑自身的记忆功能减弱。

四、不爱运动。缺乏运动会导致血液循环不畅，影响大脑的氧气和营养供应，进而影响记忆力。

五、学习压力过大。过大的学习压力会导致大脑精神紧张，影响记忆力和学习效果。

一个人要想提高记忆力，首先要启动大脑内的三个"记忆开关"。

一、逻辑思考能力。逻辑关系是大脑中最基本的记忆链条，几乎所有信息都需要依赖这一关系才能串联在一起，形成可推导的记忆关系。

二、编码联想能力。编码联想能力是指大脑把抽象的记忆材料联想成形象、有趣的图像，用来加深记忆的一种能力。例如，1857年印度民族大起义。"1857"这个历史年代就是抽象的数字信息，平时我们可能要读很多遍才能记得住，而且特别容易忘。但是用编码联想法，就可以把"1857"通过声音联想成"一把武器"，可以想象一个画面：印度民族大起义时每个人手中都拿着一把武器。这样记不仅记得快，记得牢，而且很有趣。

三、联结记忆能力。联结记忆能力是指大脑把多个信息通过联想和想象联系并结合在一起的一种能力。

例如，安徽的简称是"皖"。首先我们可以把"皖"这个抽象字编码联想成图像"碗"，然后把"安徽"和"碗"（皖）联结在一起。可以想象一个画面：在安徽爬黄山时喝了一大碗（皖）水。这样一下子就牢牢记住安徽的简称是"皖"了。

当别人问我们"安徽的简称是什么"时，大脑不再像开盲盒一样，而是变成了一种可推导的记忆关系。我们想到"在安徽爬黄山时喝了一大碗水"，自然而然就能推导出安徽的简称是"皖"了。

我们了解完了提高记忆力的三个"记忆开关"，接下来看一下提高记忆力的五大原则。

一、充足的氧气。大脑在进行记忆活动时，需要消耗大量的能量，而这些能量主要来源于氧气的氧化反应。同时，充足的氧气也是维持大脑神经元正常功能和活动的重要因素。

二、明确的目标。明确的目标有助于我们制订有效的记忆策略和计划。

三、良好的注意力。注意力和记忆力之间存在密切的关系。注意力是记忆力的基础。良好的注意力有助于我们对信息进行深度加工和理解。

四、高效的记忆方法。记忆不能靠蛮力，不能拼体力，而是要讲究策略。俗话讲"方法用对，事半功倍"。

五、及时复习。再高效的记忆方法也只能让我们记得快、记得准、记得牢，但并不能让我们过目不忘。所以，不管用哪种方法记过的内容，都要及时复习，这样才能达到长时记忆的效果。

最后我们讲一下科学提高记忆力的三个步骤：

第一步，顺嘴。一般我们读都读不顺嘴的内容，也不容易记下来。所以，我们在记忆之前很有必要先把要背的内容读上几遍，声音也是刺激大脑记忆的重要因素之一。

第二步，顺脑。顺脑是指按照大脑喜欢的方式去记忆。大脑喜欢形象的、直观的、夸张的、有趣的、有逻辑的内容，我们在记忆时就要想办法把记忆的过程变得尽可能具备这些特点。

第三步，顺心。顺心即刻意复习。及时复习有助于巩固记忆成果。在学习过程中,大脑会形成临时的神经元连接,而及时复习有助于将这些连接转化为长时记忆。

综上所述,每个人的记忆方式和习惯都有所不同。我们可以尝试不同的方法,找到最适合自己的记忆技巧。同时,保持耐心和毅力,持之以恒地练习和应用这些方法和策略,才能有效提高记忆力。

康奈尔笔记

康奈尔笔记将笔记页面分为三个部分,包括记录区、提示区和总结区。

记录区:用于记录课堂或阅读的主要信息。
提示区:用于概括关键点或问题。
总结区:用于归纳和总结所学内容。

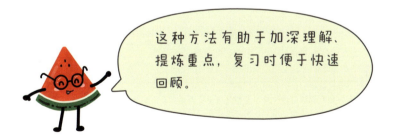

这种方法有助于加深理解、提炼重点,复习时便于快速回顾。

记忆脑科学

提示区

什么是记忆力
影响记忆力的五个不良习惯
提高记忆力的三个记忆开关
提高记忆力的五大原则
提高记忆力的三个步骤
如何灵活应用记忆方法

记录区

记忆力
"记":大脑接收并存储信息的过程。
"忆":从大脑中提取或回想之前存储的信息的过程。
"力":学习者记住和回忆信息能力的大小。

不良习惯
睡眠不足:睡眠是大脑休息和修复的重要过程。
饮食不均衡:缺乏营养,特别是蛋白质、维生素和矿物质。
过度使用电子产品:影响视力,分散注意力,减少思考和记忆的机会。
不爱运动:血液循环不畅,影响大脑的氧气和营养供应。
学习压力过大:过大的学习压力会导致大脑精神紧张。

记忆开关
逻辑思考能力:最基本的记忆链条,可推导的记忆关系。
编码联想能力:把抽象的记忆材料联想成形象、有趣的图像。
联结记忆能力:把多个信息联系并结合在一起的一种能力。

五大原则
充足的氧气:消耗大量的能量,主要来源于氧气的氧化反应。
明确的目标:有助于我们制订有效的记忆策略和计划。
良好的注意力:有助于我们对信息进行深度加工和理解。
高效的记忆方法:不能靠蛮力,不能拼体力,要讲究策略。
及时复习:记过的内容都要及时复习,这样才能达到长时记忆的效果。

三个步骤
顺嘴:一般我们读都读不顺嘴的内容,也不容易记下来。
顺脑:按照大脑喜欢的方式去记忆。
    大脑喜欢形象的、直观的、夸张的、有趣的、有逻辑的内容。
顺心:及时复习有助于将临时的神经元连接转化为长时记忆。

灵活应用
我们可以尝试不同的方法,找到最适合自己的记忆技巧。
保持耐心和毅力,持之以恒地练习和应用这些方法和策略。

总结区

总结:
我们要想提高记忆力:
首先要有良好的用脑习惯;其次是科学的记忆方法;最后就是及时复习。
除此之外,持之以恒的练习和应用才能真正"熟能生巧",提高记忆力。

九宫格笔记

九宫格笔记是将一个九宫格作为笔记的记录区，将不同主题的内容分别填入九个格子中。

记忆力： "记"大脑接收信息并存储的过程。 "忆"：从大脑中提取或回想之前存储的信息的过程。 "力"：学习者记住和回忆信息能力的大小。	不良习惯： 睡眠不足：睡眠是大脑休息和修复的重要过程。 饮食不均衡：缺乏营养，特别是蛋白质、维生素和矿物质。 过度使用电子产品：影响视力，分散注意力，减少思考和记忆的机会。 不爱运动：血液循环不畅，影响大脑的氧气和营养供应。 学习压力过大：过大的学习压力会导致大脑精神紧张。	记忆开关： 逻辑思考能力：最基本的记忆链条，可推导的记忆关系。 编码联想能力：把抽象的记忆材料联想成形象、有趣的图像。 联结记忆能力：把多个信息联系并结合在一起的一种能力。
	记忆脑科学	五大原则： 充足的氧气：消耗大量的能量，主要来源于氧气的氧化反应。 明确的目标：有助于我们制订有效的记忆策略和计划。 良好的注意力：有助于我们对信息进行深度加工和理解。 高效的记忆方法：不能靠蛮力，不能拼体力，要讲究策略。 及时复习：记过的内容都要及时复习，这样才能达到长时记忆的效果。
	灵活应用： 我们可以尝试不同的方法，找到最适合自己的记忆技巧。 保持耐心和毅力，持之以恒地练习和应用这些方法和策略。	三个步骤： 顺嘴：一般我们读都读不顺嘴的内容，也不容易记下来。 顺脑：按照大脑喜欢的方式去记忆。 大脑喜欢形象的、直观的、夸张的、有趣的、有逻辑的内容。 顺心：及时复习有助于将临时的神经元连接转化为长时记忆。

这种方法源于中国传统书法艺术,有助于我们加深对知识结构的理解,同时提高信息整理和归纳的能力。

提纲式笔记

提纲式笔记是通过列出要点和层次结构来整理信息的。这种方法有助于我们把握信息的整体框架和逻辑关系,使笔记更加有条理,更加清晰。

提纲式笔记法适用于整理长篇内容或复杂结构的信息,比如论文、报告等。

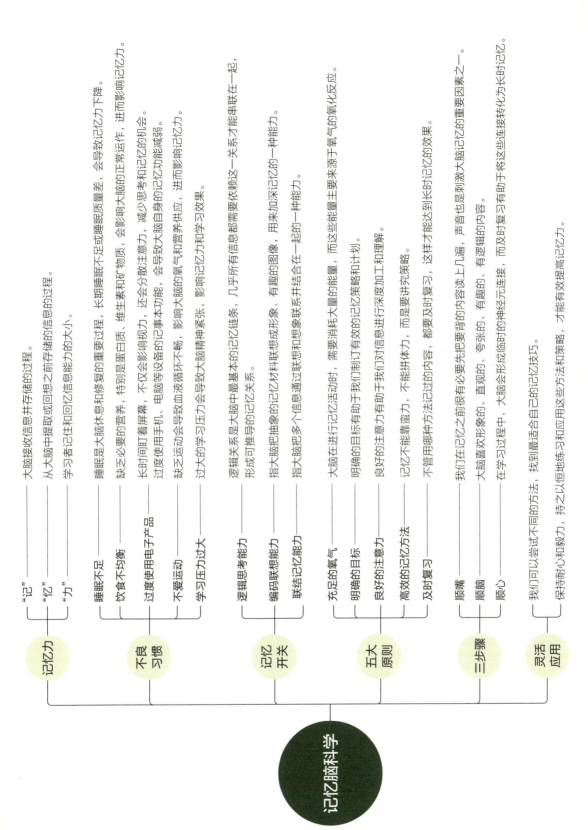

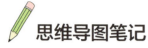

思维导图笔记

思维导图笔记以中心主题为核心,通过图文并茂的发散结构将关键词进行分类、整理和链接。

这种可视化的表达方式有助于梳理思维,发现信息之间的关系和联系,提高记忆效果。

同时,思维导图还可以根据个人喜好和需要进行个性化设计,增加学习的趣味性。

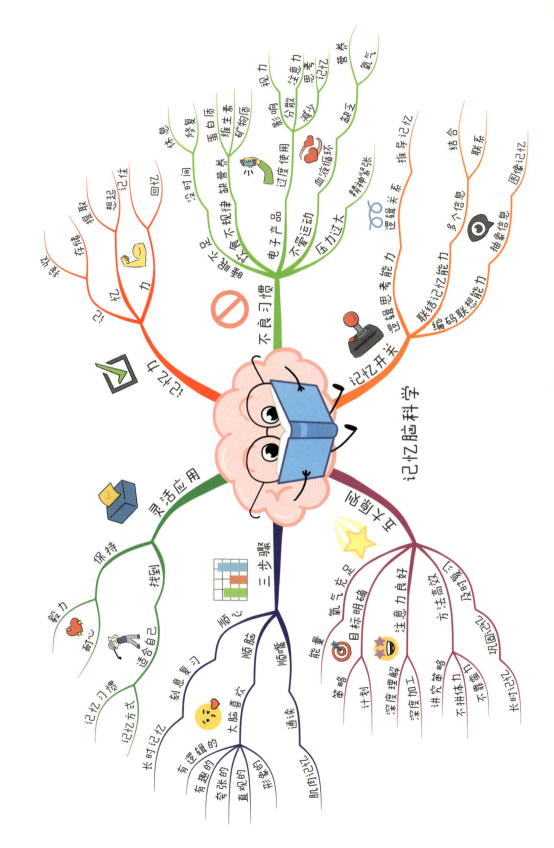

通过观察和对比这四种不同的笔记方法，我们不难发现，思维导图笔记在分类清晰度和记忆深刻度上效果更佳。

我们都知道，大脑对形象直观、结构清晰、一目了然、图文并茂的信息能更快地理解和记忆。而思维导图这种"可视化"的笔记形式恰恰符合了大脑的这一记忆喜好。我们常说"兴趣是最好的老师"。当大脑做自己感兴趣的事情时，不仅自主自发性强，而且注意力更集中，记忆效果也更胜一筹。

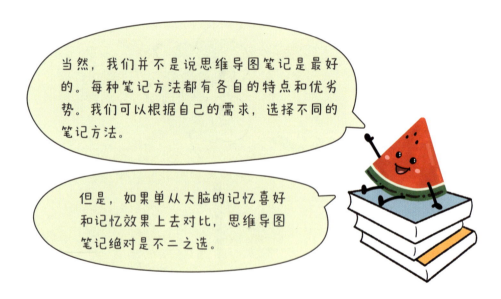

当然，我们并不是说思维导图笔记是最好的。每种笔记方法都有各自的特点和优劣势。我们可以根据自己的需求，选择不同的笔记方法。

但是，如果单从大脑的记忆喜好和记忆效果上去对比，思维导图笔记绝对是不二之选。

毕竟我们要解决的问题是：把读过的内容整理成阅读笔记后，尽可能多地记在大脑中，并且学以致用。

讲到这里,我们不得不提到的一点是:思维导图在发明之初最主要的用途就是帮助学习者提高记忆效率。

从脑科学的角度分析,思维导图这种"可视化"的笔记方法在提高阅读效率方面也发挥着重要作用。

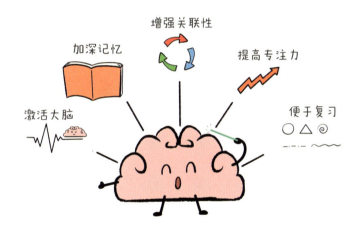

激活大脑功能区

思维导图的创建过程涉及大脑的多种认知活动。比如,概念提取、关系梳理、归纳整理、联想想象、艺术创造等。这些认知活动可以激活大脑中的不同功能区域。比如,提取关键词涉及语言处理区域，构建分支和层级关系则涉及逻辑分析和空间处理区域。

思维导图这种既动手又动脑的学习方式，能够促进大脑的全面发展，进而提高阅读者的学习能力。

加深信息记忆

思维导图是一种高度个性化的学习和记忆工具。它通过图形、关键词以及发散结构，将阅读内容中的关键信息以直观、可视化的形式展现出来。这种方式有助于大脑更高效地处理和存储信息。

大脑对图像、颜色、结构等视觉元素的处理速度通常快于对纯文字的处理速度。因此，思维导图能够加速关键信息的识别和记忆，更容易在大脑中形成长时记忆。

增强信息关联性

创建思维导图以发散结构的形式，展现了知识之间的关联和层级关系。这种结构化的呈现方式能让知识之间的联系更紧密，有助于在大脑中形成知识网络。

通过思维导图，我们可以更好地理解和把握阅读材料中的核心概念、关系和逻辑结构，从而更全面地掌握所读内容。

提高大脑专注力

创建思维导图需要我们将注意力集中在阅读材料的关键信息上,通过提取和整理关键信息来构建"可视化"的知识结构。这种深度参与式的学习过程有助于提高大脑的专注力,使我们能够更深入地分析和理解读到的内容。

便于回顾和复习

可视化笔记通常具有直观性和易读性的特点,这使得我们在回顾和复习时能够更快速地找到关键信息,从而加深对旧知识的记忆和理解。

接下来,就手把手教大家掌握这套风靡全球的思维导图笔记法!

深度阅读的好工具——思维导图

> 思维导图能够将众多的知识与想法连接起来,从而更大限度地实现创新。
>
> ——比尔·盖茨
>
> 微软公司联合创始人

思维导图的发明人是世界著名心理学家、教育学家东尼·博赞教授,他因发明思维导图,而被业界誉为"世界大脑先生"。东尼·博赞在很小的时候,非常喜欢学习和记笔记。然而到十几岁时,他的思维和成绩却变得一团糟。他像身边的许多孩子一样,开始讨厌与学习有关的一切事情,特别是记笔记和写作业。

东尼·博赞发现了一个特别奇怪的现象，自己的笔记记得越多，考试成绩和记忆力反而越来越差。为了改善这种糟糕的学习状况，他开始尝试着在关键的词语和句子下面画上红线，并将一些重要的考点画上方框。后来，他惊奇地发现：自己的记忆力竟然奇迹般地提高了。

尽管如此，直到大学一年级，东尼·博赞依然被记忆和考试的问题困扰着。就在那时，他无意间发现希腊人曾经发明了一套记忆法，能帮助人们快速、准确地记住很多事情。希腊人的这种记忆方法充分调动了大脑的想象力和联想能力，而这正是他记笔记时所欠缺的！这一发现，让他相当兴奋。

当其他人都在单调枯燥的、机械的传统笔记中痛苦挣扎时，东尼·博赞意识到自己必须采用全新的笔记方式才能从痛苦中挣脱出来，不能总是"穿新鞋走老路"。这一想法，为他日后发明风靡全球的思维导图打下了坚实的基础。要么和其他人一样随波逐流，要么做出改变逆流而上，他最终选择了后者。

为了清除头脑中巨大的学习障碍，东尼·博赞不断地尝试和寻找适合自己的学习方法。在大学二年级那年，有一天他兴冲冲地来到学校图书馆，问图书管理员，在哪儿可以找到一本讲解如何高效使用大脑的书，图书管理员立即建议他去医学图书专区。

东尼·博赞跟她解释说："我不是要给大脑做手术，只是想知道如何能够更高效地使用大脑。"那位管理员很客气地对他说，没有此类的书籍。于是，他十分遗憾地离开了图书馆。

不过，那天他走出图书馆的时候，突然意识到，找不到所需要的书，表面上看起来是一件坏事，实际上反倒是一件好事。因为如果没有这一类的书，他正好找就到了一个冷门的研究领域，而且这个领域对于每个人都非常重要。

于是，东尼·博赞开始学习心理学、神经语言学、修辞学、助记法、感知理论、创造性思维等。他渐渐发现：如果让人类大脑的各个功能彼此协同工作，而不是彼此分开工作，大脑的工作效率将会更高。时光如梭，在经历了大量的尝试和实践之后，他总结出了一套适合人类大脑思维习惯的学习与思考工具——思维导图。

20世纪70年代初，他以兼职教师的身份开始了思维导图的推广事业。他专门教一些被认为是"落后生""问题少年"的学生，教学效果非常显著。令东尼·博赞没有料到的是他的家教事业发展得十分迅速，于是他开始出版书籍、参加电视节目，让更多的人了解思维导图。

其间,一个令东尼·博赞的事业发生转折的机会出现了。他的思维导图在学习领域的成就引起了英国著名电台BBC的关注。他们邀请东尼·博赞录制一个十分钟的节目。但就在节目要开始录制时,BBC却临时改变了计划。一个工作人员走出来,跟他解释说:"由于节目调整,我们只能给你两分钟的时间。你的学生将不能发言。"

东尼·博赞回应他们说:"如果你们要找马戏团表演,到大街上去找,我不是演马戏的,我讲的是人类的大脑。如果不给我十分钟的时间来讲人的大脑,我就离开。"

巧合的是,与东尼·博赞一起录制节目的学生正是BBC的工作人员。于是,他把东尼·博赞介绍给了BBC的总编。没过多久,东尼·博赞得到一个录制30分钟节目的机会。在策划会上,东尼·博赞画了一幅有关节目制作的思维导图。BBC的负责人看着这幅思维导图说:"我说,年轻人,这张思维导图的内容应该能做十期节目。""是的,先生。"东尼·博赞回答。BBC负责人坚定地说:"非常好!就做十期节目。"

之后,东尼·博赞与他的思维导图开始风靡全球!目前,思维导图在全球有近3亿使用者,其中包括学生、教师、职场精英、教育家、经济学家、畅销书作家、知名企业家,以及世界500强企业等。英国著名的《泰晤士报》曾经评价:"东尼·博赞让人类重新认识大脑,如同斯蒂芬·霍金让人类重新认识了宇宙。"

其实,自从我们接受学校教育以来,在学习过程中,为了理解和记忆一些非常重要的知识点和解决问题的方法,我们几乎都养成了按部就班做常规笔记的习惯。然而,极少数人能够意识到,这种传统线性笔记的弊端是"面面俱到",重点不突出。记录时不仅会耗费我们大量的时间和精力,而且记完之后不愿意再翻看,更别说学以致用了。

而思维导图是一种发散性结构的"可视化"学习与思考工具。思维导图笔记和传统线性笔记不同,它能帮助大脑建构一种全新的"图像思维模式",用极简的文字、清晰直观的逻辑,以及有趣的发散结构,像地图一样去呈现大脑记忆、理解、阅读和解决问题的整个过程。

仔细观察思维导图,你会发现它的整体结构就像大脑的神经元。这种自然弯曲的发散结构比直线形式更容易吸引大脑的注意力。

> 思维导图在我们日常生活与学习中有两个非常重要的作用。

化繁为简

把复杂的问题变简单，简单到只用一张白纸就可以一目了然地把它呈现出来。

比如，记阅读笔记能够把"厚书读薄"，让我们真正做到"一图抵千言"。

以简驭繁

把大脑中单一独立的想法通过发散思维变得更加系统和全面。

而且，我们还可以在思维导图笔记的基础上，不费吹灰之力就拓展出更多的想法和创意。

总而言之，思维导图可以帮助我们把大脑从线性笔记的"监狱"中解救出来，同时还能更有效地刺激大脑皮层工作，通过调动善于逻辑分析的左脑，以及善于联想和想象的右脑，综合提高大脑创造性解决问题的能力。

因为，图像是人类的第一语言，是我们认知和理解世界的最主要方式的之一。

如何用思维导图
记阅读笔记

> 我的所有点子都是通过画图得来的,语言只不过是我向别人解释我的想法的工具。
>
> ——阿尔伯特·爱因斯坦
>
> 物理学家

从记笔记的角度上讲,思维导图是一种非纯文本的可视化笔记方法。

可视化意味着,我们所有的思考行为,不再只是抽象地停留在大脑中,而是跃然纸上,是可以看得到、摸得着的。

思维导图就像GPS导航一样，指引着我们更精准、有效地去阅读。

在《认知天性》一书中，心理学家指出，"耗费心血的学习才是深层次的，效果也更持久。不花力气的学习就像在沙子上写字，今天写上，明天字就消失了。"这里所说的"心血"并非单纯地指时间和体力，更多的是指大脑在学习过程中的参与度、专注度，以及完成这项学习任务存在的挑战性。

思维导图并非简单的笔记涂鸦，它有着相对严格且标准的绘制规则和要求。当然，画思维导图不需要具有绘画功底，它只需要借助一些颜色、线条和简单的图像，就可以调动大脑的注意力以及学习兴趣，进而加深记忆和理解。一幅规范的思维导图一定要包含五个要素：中心图、分支、关键词、关键图、颜色。

一、中心图

中心图位于整幅思维导图的最中央，也是最大的图像。中心图的主要作用是用来形象化地表达整幅思维导图的中心思想。因此每一幅思维导图的中心图都不是凭空想象出来的，而

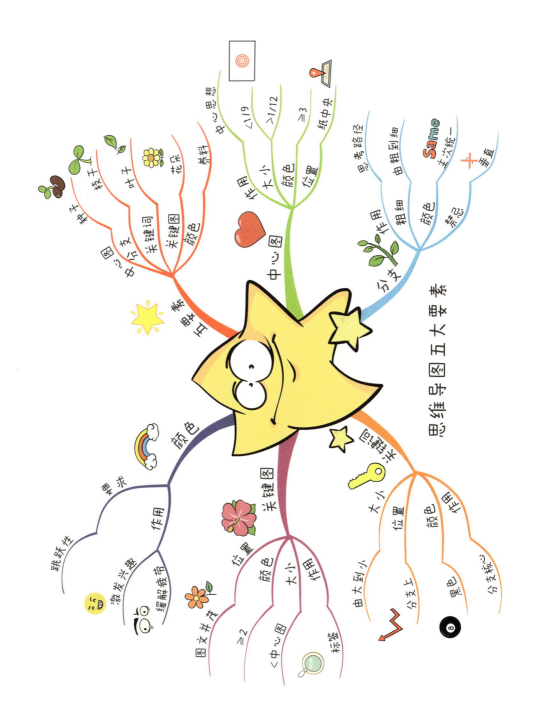

是要和这幅思维导图的中心主题有一定的关联性。

比如，中心主题是"我的阅读清单"。"阅读"和"书"有关，那么我们就可以画一本"书"或一个"书架"作为这幅思维导图的中心图，然后把中心主题"我的阅读清单"写在中心图的正下方。这样就呈现出了大脑喜欢的"图文并茂"的效果，便于记忆和理解。

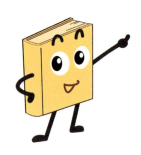

我的阅读清单

也就是说一个完整的中心图是由中心图像（图）和中心主题（文）两个部分组成的。

中心图是整幅思维导图中视觉冲击力最强的图像，它能一下子抓住我们的视觉专注力。中心图也是我们思考的起点，有了中心图就相当于有了一颗思考的种子。接下来就是用心浇灌这颗种子，然后使它生根发芽，开花结果，最终长成一棵思维的大树。

二、分支

分支在整幅思维导图中空间占比最大、数量最多。大脑根据中心主题发散思维,然后把多个角度、层层递进的思考过程,用一目了然的发散结构呈现出来。它们就像大脑的神经元一样,彼此交错连接,可视化地展现了大脑中原本抽象的思考行为。

在一幅思维导图中,与中心图相连且最粗大的分支叫主分支,向后依次是二级分支、三级分支等。分支的数量和结构是由中心主题发散的广度和深度决定的。

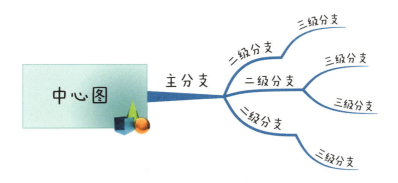

第一条主分支一般画在中心图右上角大约两点钟方向,然后整体呈顺时针布局。主分支要和中心图相连,也要和后面的分支连在一起,中间不要断开,以便在视觉记忆上保持完整性。

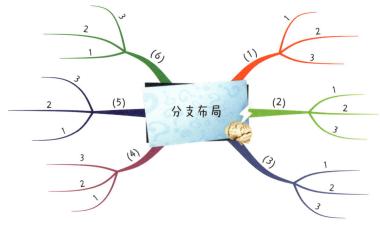

思维导图分支布局结构

另外,分支间隔有序的布局,可以帮助我们结构化地将不同类别的思考内容进行有序的归纳和整理。它们就像高楼大厦的钢筋混凝土结构一样,将空间进行合理分割,并支撑起整栋大楼的所有建筑材料。

三、关键词

关键词代表每一条分支上的核心思想。我们在填写关键词时要遵循"一线一词"的原则,也就是一条分支上只写一个关键词,而且不能填写短句或长句。因为单个关键词的发散性要比短句或长句更强,阅读时能让我们更聚焦重点,减轻视觉记忆压力。比如,"水果"要远比"红色的水果"发散的内容丰富。

我们在填写关键词时要 首选黑色。因为黑色的关键词和颜色丰富的分支有着明显的对比,视觉识别度高,有助于提升阅读速度。

另外,关键词的颜色也可以和其所在的分支颜色统一。比如,红色分支上既可以选择使用黑色去写关键词,也可以选择使用红色去写关键词。但是,红色不是首选。因为,和分支同色的关键词就像伪装大师变色龙一样,容易融入背景环境中,不容易被发现,视觉识别度低。

黑色关键词

同分支色关键词

这里我们要特别提醒一点：切记不要在一条主干结构内，使用多种颜色的关键词。这样不仅容易造成视觉混乱，而且不利于分类和记忆。

需要规避的混色关键词

另外，大家需要注意的是，思维导图中分支的布局结构是由关键词之间的关系决定的。

关键词的布局结构有三种：

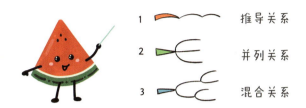

• 推导关系

推导关系的关键词一般使用环环相扣的分支结构，像竹子一样。

举例：我正在阅读《西游记》。

关键词：我、阅读、《西游记》

推导关系的关键词

• 并列关系

并列关系的关键词一定是发散结构，像我们伸开的手掌一样。

举例：鹅需要三样东西下饭：水、泥、草。

关键词：鹅、下饭、水、泥、草

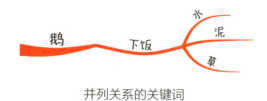

并列关系的关键词

- **混合关系**

混合关系是思维导图中最常见的布局结构，像茂密的树杈一样。

举例：幸福是母亲的叮咛，幸福是老师的问候，幸福是朋友的关心。

关键词：幸福、母亲、叮咛、老师、问候、朋友、关心

混合关系的关键词

通过观察上面三组关键词的布局结构，我们可以看出：

①从主分支开始，关键词的大小是由内向外依次变小的，整体呈发散状。

②主分支上的关键词是分支结构内最大的文字。

这种由大到小的变化，可以更流畅地引导眼睛的阅读路径，缓解视觉疲劳。

关键词依次变小

四、关键图

关键图是零散分布在思维导图分支上、与关键词相关的小图像。它们扮演着"记忆标签"的角色，可以起到辅助记忆的强大作用，同时还可以用来标记重要的分支位置。

第一，关键词和关键图尽量同时存在。

一方面可以达到图文并茂的视觉效果，另一方面可以起到图文之间相互提醒的作用，避免遗忘关键图原本的意思。

第二，关键图一般画在相应关键词的上面。

如果我们把思维导图比作是一株玫瑰，分支就相当于枝干，关键词就是叶子，而关键图就是在枝头盛开的玫瑰花。这朵花不仅耀眼夺目，而且可以增加阅读过程中的趣味性，使得视觉不容易疲劳，大脑注意力也更加集中。

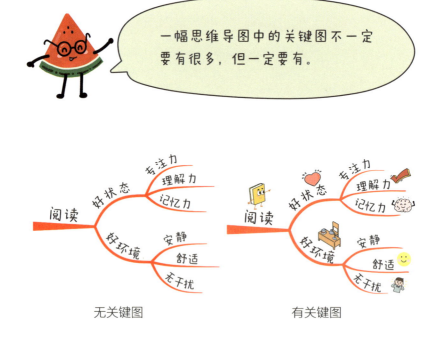

一幅思维导图中的关键图不一定要有很多，但一定要有。

无关键图　　　　　　有关键图

分支上的关键词有两种：

形象词　　　　　　抽象词

形象词一般是指现实生活或想象世界中对应的某个具体事物的名称。

比如，提到关键词"太阳"，我们就可以画一个太阳作为关键图。提到关键词"外星人"，我们就可以画一个自己想象中的外星人的样子作为关键图。

太阳关键图　　　　外星人关键图

形象词在文图转化时相对比较简单，写什么就画什么。我们要大胆一些，只要自己能看懂，哪怕关键图画得粗糙一点，甚至丑一点，都没关系。要相信自己天生就是涂鸦高手。

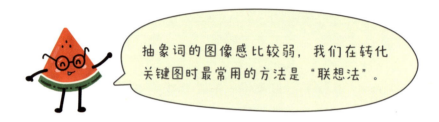

抽象词的图像感比较弱，我们在转化关键图时最常用的方法是"联想法"。

联想法是指根据关键词的基本意思联想到某个与之有一定关联性的图像。

比如，提到关键词"创意"，我们可以画一个"灯泡"作为关键图，因为创意就像灯泡一样，可以点亮我们的想法。提到关键词"成长"，我们可以画一棵"大树"作为关键图，因为人生如树，要不惧风雨。

创意关键图——灯泡　　成长关键图——大树

一般情况下，只要我们联想到的图像和关键词之间能解释得通，那么它就可以作为关键图来使用。

五、颜色

颜色是我们通过眼、脑和生活经验所产生的一种对光的视觉效应。每个人喜欢的颜色各有不同，对同一种颜色的心理反应也不一样，就像不同的人会选择不同颜色和不同风格的衣服一样。自己觉得舒服的颜色，才是最好的。

每一种颜色在我们的生活中都有着特殊的作用和意义。比如，我们常见的交通信号灯的颜色。

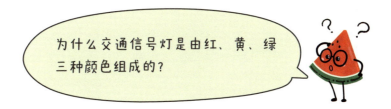

为什么交通信号灯是由红、黄、绿三种颜色组成的？

从光学原理角度来看，在可见光中，红色光的波长最长，穿透力强。因此，即使在雾天或能见度较低的情况下，红色信号灯也容易被人们看到。

黄色光的波长仅次于红色，同样具有较强的穿透力。所以黄色信号灯能够在红色信号灯和绿色信号灯相互切换时起到提醒的作用。

绿色光的波长较短，光线比较柔和，与红色和黄色形成鲜明对比，容易被人们区分。

因此，红、黄、绿三种颜色的信号灯在视觉上的辨识度都相对较高。另外，工人佩戴的安全帽一般也是黄色或红色的，正是基于这个原理，可以起到安全提醒的作用。

起到警示作用的黄色安全帽

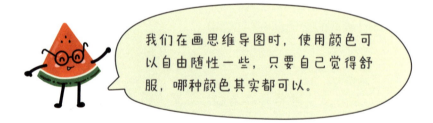

我们在画思维导图时，使用颜色可以自由随性一些，只要自己觉得舒服，哪种颜色其实都可以。

毕竟，画思维导图是为了取悦自己的大脑。我们在选择颜色时，如果有一些自己的想法和理解，其实更有利于思维导图中信息的记忆和分类。

比如，整理和环保相关的信息，我们可以用绿色的分支；整理和情绪相关的信息，我们可以用红色的分支。当然，这些并非标准设定，每个人都可以有自己独特的见解和想法。

合理使用颜色在思维导图中能起到三个非常重要的作用：

①缓解视觉疲劳
②加强信息分类
③辅助图像记忆

彩色的思维导图相较于单色的思维导图，在视觉体验感、信息分类的清晰度以及记忆的深刻度上都更胜一筹。我们可以把思维导图想象成一幅地铁线路图，试想一下，如果地铁线路图是单一颜色的，那么我们在查找乘车路线或寻找换乘站时会多么眼花缭乱。所以，专业的思维导图一定是彩色的。

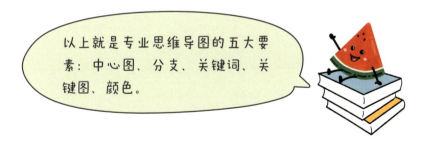

以上就是专业思维导图的五大要素：中心图、分支、关键词、关键图、颜色。

如果你看到的思维导图不是"图文并茂"的发散结构,那么这幅思维导图一定是不专业的,甚至有可能不是真正的思维导图。

比如圆圈图、气泡图、逻辑图等,并不算是思维导图。尽管这些思维工具也非常不错,但是,在概念上不能混为一谈。猫是猫,虎是虎,两者截然不同。

另外,思维导图是任何零基础的人都可以快速掌握的。只要你认识最基础的汉字,能分清楚颜色,能画出简单的彩色线条,就一定能学会这套方法。

> 我们知道了专业的思维导图长什么样子，接下来就一起深度学习如何用思维导图记高效的阅读笔记吧。

这里的"高效"不是单一地指记阅读笔记的速度，更多的是指：

> 高效地调动大脑和身体共同参与记阅读笔记的整个过程，并且在记完之后，能够通过思维导图阅读笔记全面、系统、精准地记忆和理解。

也就是西瓜阅读法的第三步：吃瓜瓤（记笔记）。

在准备画思维导图阅读笔记之前，我们需要先准备好自己的"作战武器"，也就是画思维导图时需要用到的基本工具。比如，A3或A4的白纸，6色或12色水彩笔，黑色中性笔、文件袋等。这些工具在文具店随处可见，准备起来也特别方便。

A3 或 A4 白纸　　6色或12色水彩笔　　黑色中性笔　　文件袋

用思维导图记阅读笔记，我们可以理解为是把"厚书读薄"的过程。根据需要归纳、整理的内容的多少，我们需要选择不同的记笔记的策略。

如果我们要整理的是一本书，但书中的核心内容并不是特别多，我们可能只需要准备一张A3或A4的白纸，画一张思维导图阅读笔记就可以了。

但是，如果我们要整理的这本书，每个章节都有许多核心内容需要整理，我们就要把每个章节都画成一张思维导图阅读笔记。

比如，这本书有六个章节，我们就要画六张思维导图阅读笔记。甚至有的时候，一个章节的核心内容特别多，单这一个章节可能就要拆解成多张思维导图阅读笔记。

也就是说,一本书、一个章节、一篇文章,需要画几张思维导图阅读笔记,并没有一个量化的标准,是需要我们根据自己的实际阅读量,以及需要整理的重点内容的多少,去灵活做出判断和选择的。

接下来,为了帮助大家以最快的速度掌握如何记思维导图阅读笔记,我们来分享阅读高手必备的两个思维导图阅读笔记模型,简单实用,一学就会。

一、叙事型思维导图阅读笔记模型

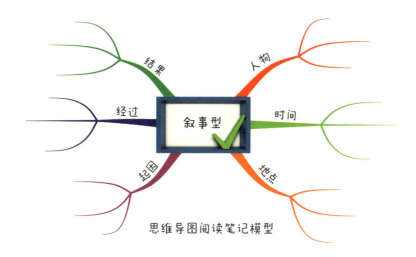

思维导图阅读笔记模型

叙事型文章是一种以故事情节为主要内容的文章类型。它通常包含生动的角色、引人入胜的情节以及丰富的情感表达，能够引起读者的阅读兴趣和内心共鸣。比如，童话、故事绘本、小说、纪实文学等。

叙事型思维导图阅读笔记模型是在叙事型文章的基础上，通过六个基本的阅读角度，对文章进行综合的分析和整理。

这六个角度分别是：人物、时间、地点、起因、经过、结果。

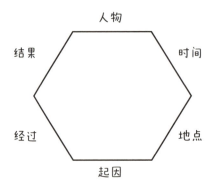

这六个角度同时也是叙事型文章写作的六要素。

也就是说,我们在使用叙事型思维导图阅读笔记模型时,要从作者的视角出发把握全局,系统地分析和整理文章。

人物:要准确识别出故事中的主要角色和次要角色,以及人物之间的关系。

时间:要确定故事发生的确切时间或时间段,这有助于理解故事的背景。

地点:要明确故事发生的具体环境,包括物理地点和社会文化背景。

起因:要找出导致故事发生的主要原因或触发点。

经过:要详细分析整个故事的发展过程,包括关键的情节和转折点。

结果:要总结故事的最终结局和影响,甚至读书心得。

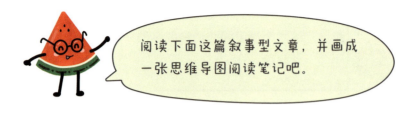

阅读下面这篇叙事型文章，并画成一张思维导图阅读笔记吧。

孙悟空三打白骨精

这天，唐僧师徒四人途径白虎岭。唐僧肚子饿了，悟空便跳上云端一望，"南山一片鲜红，想必是成熟的山桃，待我摘些来与师父充饥。"悟空走时用金箍棒在地上画了个圆圈，嘱咐师父、师弟："深山里会有妖怪，你们千万不可走出圈子！"

这深山里有个白骨夫人，又名白骨精。她想着："听说吃了唐僧肉能长生不老呢。"趁悟空离开，她便要扑下去抓唐僧，却被圆圈发出的金光刺得头昏眼花。白骨精便变成一个美貌的女子，只说给和尚送饭，其实是想慢慢接近唐僧。那八戒见到如此貌美的女子骨头都酥了，哪里还识得什么妖精。这时悟空回来了，他那火眼金睛却难被妖精蒙骗。悟空举起金箍棒便朝妖精打去。那妖使了个"解尸法"，扔下一具假尸首，真身便逃走了。

眼看那女子死在地上，唐僧责怪悟空又伤人命。悟空就让师父看那"送饭"用的罐子，里面全是些蛆虫、癞蛤蟆。唐僧刚有几分相信，八戒就来挑唆："这是大师兄的障眼法！"唐僧便要赶走悟空。悟空再三哀求师父，才勉强得以饶恕。

白骨精不死心，于是又变成了一个老婆婆。她一路喊着："女儿啊，你在哪里？"八戒说："师父，这下麻烦大啦。"老婆婆看见地上的尸首，一把揪住唐僧，"我女儿怎么死的？我要你偿命来！"却又被悟空识破，劈头就是一棒，那妖精还是用解尸法脱身走了。

唐僧大惊，"你怎么连伤二命！"便把紧箍咒连念二十遍，把个猴头勒成个葫芦，疼得悟空满地打滚。唐僧说："你是无心向善，有意作恶，我断然不能留你了！"悟空说："师父真不要我，就请念念'松箍咒'吧，把这箍子退下来，我好回家。"唐僧为难道："可我只会紧，不会松。""既然这箍子没法离开我，"悟空说，"我也就没法离开师父了。"唐僧见悟空这样说，只好咬咬牙再饶他一次。

白骨精两次都没得手，心想："再往西四十里，就不是我的地盘了。要是唐僧被别处妖魔捞了去，就太可惜了。"于是她第三次变成一个老翁，一路叫着："女儿呀！老婆呀！"再来算计唐僧。八戒说："师父呀，人家找来了！你该偿命，我该充军，沙和尚做苦工，那猴子却溜得快！"悟空叫来山神、土地暗中照应，再不让妖精逃脱。只见悟空手起棒落，老翁应声倒下。

悟空说："师父，你看！"地上躺着一堆骷髅。"这是白骨成精。"唐僧已经相信了。这时八戒又来挑唆："大师兄是怕你念紧箍咒，故意变成这样的。"唐僧便下定决心，找出纸笔，写了一张贬书给悟空，"再不要你做徒弟了，去吧！"悟空很伤心，他嘱咐沙和尚要照顾好师父，"遇见妖怪就说俺老孙是你的大师兄，他们就不敢乱来了。"悟空要最后拜别师父，但师父不要他拜，他只得变出几个替身将师父团团围住，使唐僧勉强受了一拜。

赶走悟空后，唐僧又在碗子山波月洞的黄袍怪手下遭难。沙和尚被擒，八戒逃出。这呆子只得厚着脸皮去花果山搬救兵。悟空问八戒："不去取经，来这里做什么？"八戒扯个谎："师父想你呢。""既然赶走，还想什么？不去！"八戒怕打，只得下山去，嘴里骂骂咧咧。

悟空早派了个小猴偷听，便把八戒抓回要打。八戒只得说出师父遇难的事。悟空说："你们为什么不告诉妖怪，俺老孙是唐僧的大徒弟？"八戒使了个激将法，说："他一听你的名字，就说要剥你的皮，抽你的筋！"悟空大怒，便随八戒去打黄袍怪。双方相斗，悟空使出一招"叶底偷桃式"，妖怪竟被打得无影无踪。后来查明此怪乃是天上星宿奎木狼下凡。

悟空救出师父，唐僧又感激，又悔恨。

上面这篇文章讲述了《西游记》中的一个经典故事——孙悟空三打白骨精。说实话不管是看小说，还是看电视剧，每到这个剧集，大部分人都是又气又恨，又憋屈又伤心。当然，故事没有"冲突"，人物就没有成长。最后，唐僧知道真相后也是非常懊悔。

我们在阅读文章的过程中，可以顺便用"符号标记法"把与叙事型文章写作六要素（人物、时间、地点、起因、经过、结果）相关的关键词标记出来。

接下来，我们用叙事型思维导图阅读笔记模型分析和整理这篇文章。

第一步：根据中心主题确定思维导图阅读笔记的中心图。

思路分析：这篇文章的中心主题是"孙悟空三打白骨精"。所以，我们可以直接用"孙悟空"的人物形象作为这幅思维导图笔记的中心图。并将中心主题"孙悟空三打白骨精"写在中心图的正下面。

孙悟空三打白骨精

中心图不一定非要画得惟妙惟肖。对于图像表达能力偏弱一点的读者来说，也可以画"三根金箍棒"作为中心图，表达"三打白骨精"的意象。中心图没有"标准答案"，只要和中心主题相关，每个人的思维导图笔记都可以有自己"独一无二"的中心图。

第二步：根据阅读笔记模型中的六个基本角度，归纳整理相关的关键词。

思路分析：为了方便大家理解关键词的分类过程，我们用九宫格的形式来呈现关键词最基本的分类结构。

人物： 唐僧、孙悟空、猪八戒 沙和尚、黄袍怪 白骨精（女子、老婆婆、老翁）	时间： 西天取经期间	地点： 白虎岭 碗子山、波月洞 花果山
	孙悟空三打白骨精	起因： 白骨精，吃唐僧肉，长生不老
结果： 碗子山、波月洞、黄袍怪，遭难 猪八戒，花果山，搬救兵，激将法 孙悟空，救出唐僧，感激，悔恨	经过：三次变身 女子，假意送饭，被打死，责怪悟空 老婆婆，寻女，被打死，念紧箍咒 老翁，寻亲，被打死，赶走悟空	经过： 白虎岭，唐僧饿了，悟空摘桃，画圈 白骨精，吃唐僧肉，碰圈，头晕眼花

 第三步：根据关键词的逻辑分类，直接画成图文并茂的思维导图阅读笔记。

思路分析：根据关键词常见的三种布局结构，合理绘制分支，并使用关键图。

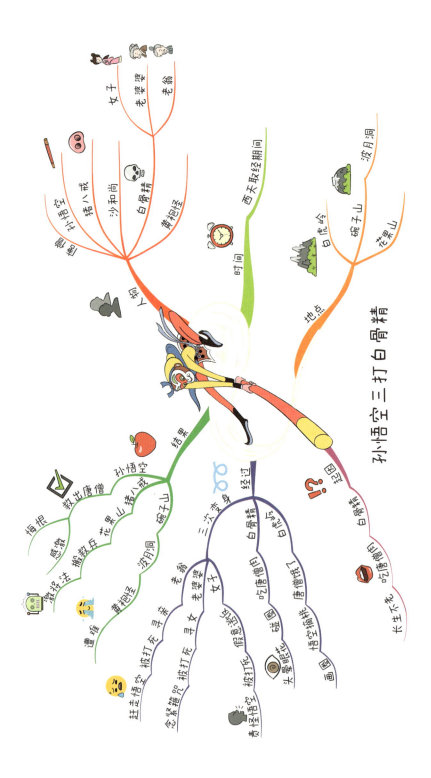

以上就是以"孙悟空三打白骨精"为中心主题的思维导图阅读笔记。通过阅读这幅思维导图笔记，我们几乎可以"一目了然"看懂故事中的人物关系和逻辑架构。不管你是第一次读到这个故事，还是重新梳理这个故事，这幅思维导图阅读笔记一定比文字笔记更容易帮到你，让你记得更加深刻。

二、知识型思维导图阅读笔记模型

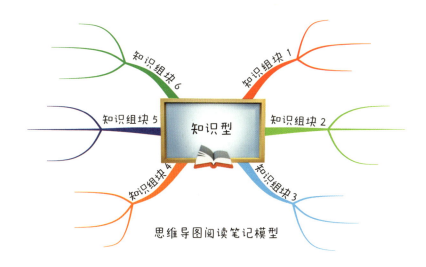

思维导图阅读笔记模型

知识型文章具有明确的知识传递目的，内容科学、严谨，语言准确、清晰。这种类型的文章涵盖多个领域，比如科学、自然、历史、文化、学科等。

知识型思维导图阅读笔记模型是在"目标分解法"的基础上,根据逻辑关系,像切西瓜一样将整篇文章分解成多个"知识组块"。然后,有序提取关键信息,再归纳、整理成思维导图阅读笔记。

阅读下面这篇知识型文章,并画成一张思维导图阅读笔记。

一代雄主的辉煌与遗憾

秦始皇,本名嬴政,是中国古代杰出的政治家、战略家、改革家,是中国历史上第一个专制主义中央集权国家——秦朝的建立者,是中国第一位称皇帝的君主。他的一生充满了传奇色彩,既有辉煌成就,也有深重过失。接下来我们将从多个角度详细解析秦始皇的功过是非,更全面、客观地展现这位一代雄主的形象。

秦始皇一生功绩卓越。他最大的功绩莫过于统一六国，结束了自春秋战国以来五百多年的分裂割据局面。他通过一系列战争手段，成功将战国七雄一一征服，建立了中国历史上第一个统一的中央集权国家。这一成就不仅为后来的朝代树立了典范，也为中华民族的统一和繁荣奠定了坚实基础。

秦始皇在统一六国后，推行了一系列改革措施，包括废除分封制，实行郡县制；统一度量衡、货币和文字；修建水利设施，发展农业生产等。这些改革措施极大地促进了社会经济的发展，加强了国家的统一和稳定。

秦始皇还下令连接和修缮战国长城，形成了举世闻名的万里长城。这一工程有效地防御了北方游牧民族的侵扰，为中原地区的安宁和发展提供了有力保障。

然而，秦始皇为了加强思想控制，实行了焚书坑儒的暴政。秦始皇在公元前213年和公元前212年焚毁书籍、坑杀"犯禁者四百六十余人"。这一行为严重摧残了中国的文化思想，使许多珍贵的文化遗产毁于一旦。

秦始皇在位期间，还实行了一系列严苛的法律和沉重的赋税徭役制度，使得百姓苦不堪言。他的暴政虐民行为激起了广大民众的反抗，最终导致了秦朝的灭亡。

晚年的秦始皇迷信方士，追求长生不老之术。他派遣大量方士前往各地寻找仙药，甚至不惜花费巨额财力修建陵墓以求永生。这些行为不仅浪费了国家资源，也加速了秦朝的衰落。

总之，秦始皇作为一位具有雄才大略的君主，他的功绩是不可磨灭的。他统一六国，建立中央集权制度，为中华民族的统一和繁荣奠定了坚实基础；他推行一系列改革措施，促进了社会经济的发展；他修建万里长城，巩固了国防安全。然而，他的过失也是显而易见的。他焚书坑儒，摧残了中国的文化思想；他暴政虐民，激起了民变；他追求长生不老，迷信方士，加速了秦朝的衰落。

对于秦始皇的功过是非，我们应该以客观、全面的态度去看待。他的功绩和过失都是历史的一部分，也是我们认识和评价这位一代雄主的重要依据。在肯定他的功绩的同时，我们也要深刻反思他的过失，从中吸取教训，为中华民族的未来发展提供借鉴和启示。

上面这篇文章讲述了一代雄主秦始皇的功过是非。开篇第一段交代了秦始皇的基本人物信息。第二段、第三段和第四段讲述了秦始皇的功绩。第五段、第六段和第七段讲述了秦始皇的过失。第八段是对秦始皇功绩和过失的总结。最后一段是结合历史对秦始皇的功过是非进行了客观评价。

像上一个练习一样，我们在阅读文章的过程中，可以顺便用"符号标记法"在文章中把关键词标记出来。

接下来，我们用知识型思维导图阅读笔记模型分析和整理这篇文章。

第一步：根据中心主题确定思维导图阅读笔记的中心图。

思路分析：这篇文章的中心主题是"一代雄主的辉煌与遗憾"。所以，我们可以直接用"秦始皇"的人物形象作为这幅思维导图阅读笔记的中心图。并将中心主题"一代雄主的辉煌与遗憾"写在中心图的正下方。

一代雄主的辉煌与遗憾

对于图像表达能力偏弱一点的读者来说,也可以用更简单的"人物涂鸦"或一个大大的立体的"秦"字当作中心图。只要图像和中心主题有一定的关联性,就可以作为中心图来使用。

 第二步:根据逻辑关系,像切西瓜一样将整篇文章分解成多个"知识组块"。

思路分析:为了方便大家理解关键词的分类过程,我们同样用九宫格的形式来呈现关键词最基本的分类结构。

秦始皇：	功绩：统一六国	功绩：推行改革
本名，嬴政	结束，分裂割据局面	废除，分封制，郡县制
身份，政治家，战略家，	建立，中央集权制度	统一，货币，文字，度量衡
改革家，秦朝建立者		修建，水利设施
中国，第一位，皇帝		发展，农业生产
	一代雄主的辉煌 与遗憾	功绩：修建长城 防御，外敌入侵 保障，安宁，繁荣
	评价： 功过是非，看待，客观，全面 历史，一部分 总结，功绩，肯定 过失，吸取教训	过失： 焚书坑儒，摧残，文化思想 赋税沉重，百姓，苦不堪言，反抗 迷信方士，长生不老，寻找仙药，修建陵墓

第三步：根据关键词的逻辑分类，直接画成图文并茂的思维导图阅读笔记。

思路分析：根据关键词常见的三种布局结构，合理绘制分支，并使用关键图。

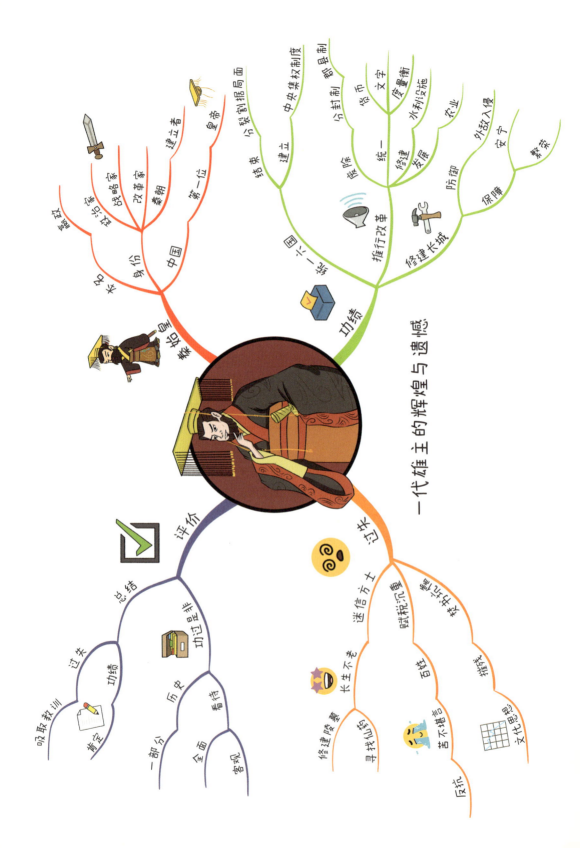

以上就是以"一代雄主的辉煌与遗憾"为中心主题的思维导图阅读笔记。

通过上面两个思维导图阅读笔记模型应用案例，我们不难看出，思维导图阅读笔记可以帮助我们筛选出关键信息，并将其进行有效的归纳和整理。这有助于我们快速把握重点，提高阅读效率。

同时，思维导图阅读笔记还可以帮助我们在复习时快速回顾和巩固关键内容。

除此之外，思维导图阅读笔记还有助于激发我们的想象力和创造力。

在阅读过程中，我们可以通过这种可视化的笔记形式，发现不同知识点之间的关联性，从而产生新的思考和理解。

思维导图阅读笔记模型并非固定的钢筋结构，我们可以根据要整理的阅读内容，在原来的基础上灵活地对分支进行删减或增加。

模型不是限制大脑思考的枷锁,而是增强大脑思考能力、加快大脑思考速度的金钥匙。当我们真正掌握思维导图笔记的绘制规则和技巧后,甚至可以跳过"第二步"(关键词分类),直接画出思维导图阅读笔记。

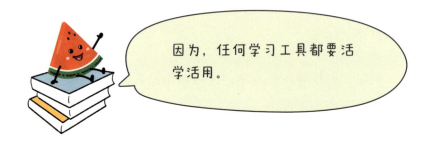

因为,任何学习工具都要活学活用。

共享导图实现
"裂变式"阅读

思维导图的用途有很多,除了可以帮助我们记图文并茂的阅读笔记外,还可以帮助我们梳理读书心得和感悟。

我们可以在思维导图阅读笔记模型的基础上增加一条"读书感悟"的分支,然后发散思维把自己的心得体悟写在分支上。

我们每个人在阅读时都会有自己独特的理解和感受,如果想要表达的内容有很多,我们也可以把"读书感悟"单独作为一个主题画成一幅思维导图。

无论是思维导图阅读笔记,还是思维导图读书感悟,这些都是我们阅读的收获。我们可以和家人、朋友分享,也可以组织和举办读书会进行交流。通过共享这些充满个性和创意的笔记，我们可以相互启发，拓宽思路，深化对阅读内容的理解。

同主题读书交流会

大家可以共同阅读一本书，并画成思维导图阅读笔记，并写下读书感悟。

通过共享思维导图阅读笔记，这些笔记会形成一个庞大的知识网络。每个人的笔记都是这个网络的一部分，它们会相互交织、相互补充，形成一个比单一笔记更为丰富、全面的知识体系。

多主题读书交流会

每个人读的书都不一样。通过共享思维导图阅读笔记和分享交流，我们可以在短时间内了解更多的阅读内容，实现"裂变式"阅读。同时可以从他人的反馈和建议中获得新的启发和思考。

当然，任何阅读笔记和读书感悟都无法替代自己真实的阅读体验。在时间允许的前提下，可以制订一个周密的阅读计划，深度阅读一本书或一篇文章，然后画成思维导图阅读笔记。

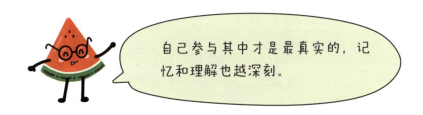

自己参与其中才是最真实的,记忆和理解也越深刻。

另外,用思维导图记阅读笔记和读书感悟,其实也是我们评估阅读质量的重要方式之一。

综上所述,使用思维导图有诸多好处,通过共享思维导图阅读笔记,可以实现"裂变式"阅读;通过集体智慧的汇聚和思维的碰撞,可以提升个人的阅读能力和思考水平。

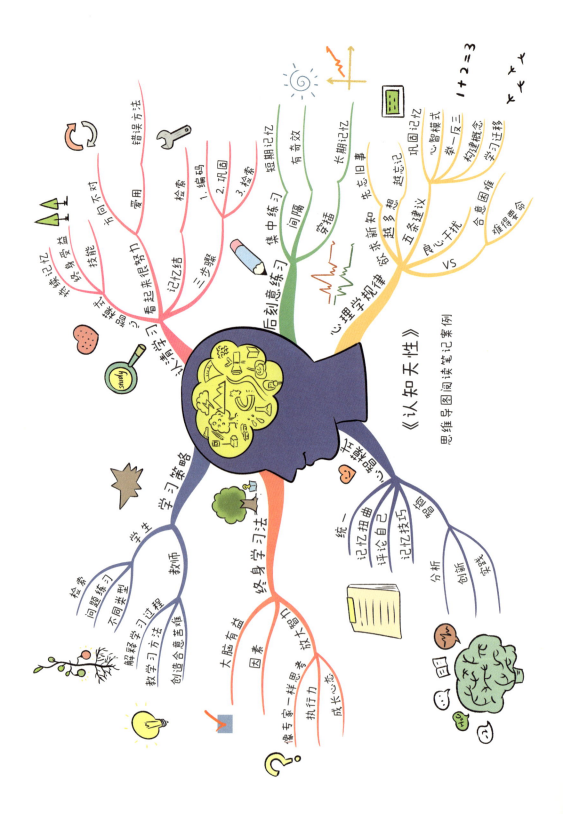

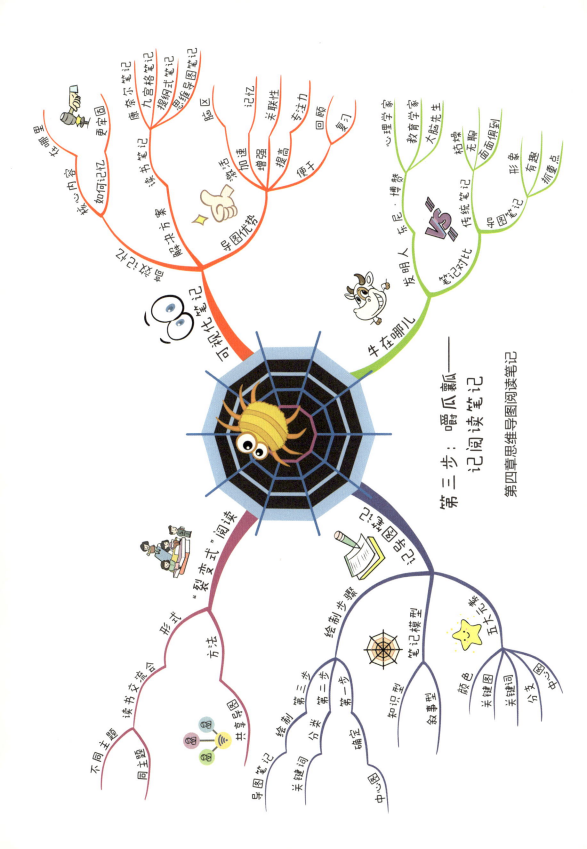

- 刻意阅读离不开刻意练习
- 在课内阅读中增长知识
- 在课外阅读中拓展世界观
- 偶尔给自己一点"混沌阅读时间"

05
刻意阅读让思想更强大

3 记笔记（嚼瓜瓤）

2 抓关键（去瓜籽）

1 订计划（切西瓜）

刻意阅读离不开刻意练习

西瓜阅读法是一种"刻意阅读法",是一种让人既有自主性,又有自律性的阅读方法。西瓜阅读法有三个核心步骤:

第一步:切西瓜——用"目标分解法"订计划。

第二步:去瓜籽——用"符号标记法"抓关键。

第三步:嚼瓜瓤——用"思维导图法"记笔记。

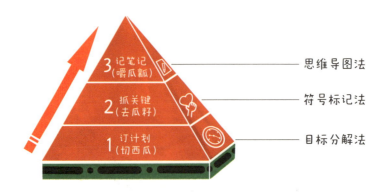

完成这三个核心步骤后，我们还可以对阅读质量进行评估，加深对所读内容更深层次的思考和理解。这一流程也符合我们在第一章中提到的刻意阅读UP-ME四原则：

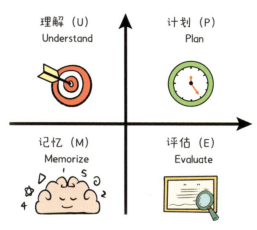

阅读高手的 UP-ME 原则

三个步骤环环相扣，一学就会。

我们常说"磨刀不误砍柴工"。但是，刀不锋利可不行。如果我们把西瓜阅读法比作一把用来砍柴的"刀"，那么，我们需要把这把刀磨"锋利"，砍柴才能更快！

既然西瓜阅读法是一套工具化的流程，那么就离不开"练习"二字，而且是刻意练习。因为，**任何方法都是用则进，废则**

退。阅读就像开车一样,如果驾驶技术(阅读能力)不行,不敢开或开不好,再好的汽车也等于废铁一堆。

刻意练习和西瓜阅读法一样,是一种既有自主性,又有自律性的练习方式。《刻意练习》一书的作者指出,刻意练习讲究3F原则:专注(Focus)、反馈(Feedback)和纠正(Fix it)。

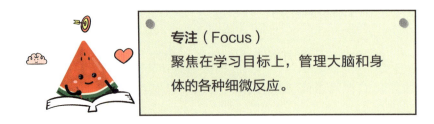

专注(Focus)
聚焦在学习目标上,管理大脑和身体的各种细微反应。

首先,聚焦在学习目标上有助于学习者保持明确的学习方向,避免在学习过程中迷失方向或偏离目标。当学习者明确知道自己想要达到的学习目标时，就能更有针对性地进行学习，从而提高学习效率。

其次，管理大脑和身体的各种细微反应也是非常重要的。大脑的思维活动直接影响学习者的认知过程，而身体反应则会影响学习者的学习状态。因此，学习者需要学会调整自己的思维方式和身体状态，使其更加适应学习过程。

例如，可以通过深呼吸、放松肌肉等方式来缓解学习压力，提高专注力。也可以通过积极思考、主动提问等方式来激活大脑的思维活动，促进知识的理解和吸收。

反馈（Feedback）
发现问题、正视问题、寻找解决方案，不要掉进坏情绪里。

发现问题：这意味着我们在练习过程中要敏锐地观察和分析自身的情况，及时发现存在的问题和不足。只有识别出问题，我们才能有针对性地去解决它。

正视问题：发现问题之后，我们不能回避或逃避，而是要勇敢地面对它。正视问题意味着我们要正视现实，不逃避困难，不否认问题的存在。把问题当成"垫脚石"，而不是"绊脚石"。

寻找解决方案：面对问题，我们应该积极寻找解决方案，而不是停留在抱怨和充满消极情绪的层面。通过思考、学习和实践，我们可以找到解决问题的方法，并付诸行动。

不要掉进坏情绪里：这一点强调了在刻意练习过程中情绪管理的重要性。当我们遇到问题和挑战时，很容易产生焦虑、沮丧等负面情绪。然而，这些情绪不仅不能帮助我们解决问题，反而可能阻碍我们做出正确的思考和行动。因此，我们要学会管理和疏导自己的情绪，保持冷静，理性思考，以便更好地应对问题。比如，做有氧运动、静坐、求助他人等。

总体来说，我们在面对问题和挑战时，要保持积极、理性的态度，通过发现问题、正视问题、寻找解决方案来解决问题，而不是被负面情绪所困扰。

纠正（Fix it）
纠正错误，精进技巧，使自己的技能精益求精。

首先，纠正错误是学习过程中不可或缺的一部分。在学习过程中，犯错误是难免的，关键在于如何对待这些错误。认真反思和分析错误的原因，并采取相应的措施进行纠正，可以避免再犯同样的错误，从而提高学习的效率和准确性。

其次，掌握精进技巧也是非常重要的。在掌握了一定的基础知识后，需要不断地探索和实践，通过反复练习和总结经验，提升自己的技巧水平。这包括掌握更多的阅读技能、提高操作的熟练度等，以便更好地应对各种挑战和问题。

最后，"精益求精"表达了一种追求卓越的态度。在纠正错误和精进技巧的基础上，要始终保持对技能的热情和追求，不断挑战自己的极限，努力达到更高的水平。这种追求卓越的精神是推动个人技能不断提升的重要动力。

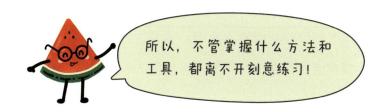

所以，不管掌握什么方法和工具，都离不开刻意练习！

在课内阅读中增长知识

从脑科学的角度来看,西瓜阅读法不管是对课内阅读还是课外阅读,都具有显著的帮助。研究表明,大脑在接收和处理信息时,倾向于对有意义、有逻辑、有创意的内容进行更高效的加工和记忆。

西瓜阅读法强调从整体到局部、由表及里"化繁为简"的阅读过程,这与大脑处理信息的自然方式相吻合,有助于帮助我们提高阅读效率和阅读深度。

课内阅读是指课堂上或课后要求进行的阅读活动,主要是学生按照老师的要求和指导,对指定的教材、课文或其他阅读材料进行深入的阅读和理解。

这种阅读活动通常发生在正式的课堂环境中,具有明确的目标,能够帮助学生提升阅读技能,增强阅读理解能力,同时加深对文字内容及其背后思想内涵的把握。

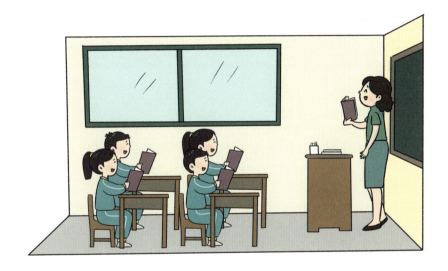

课内阅读是学生学习活动中不可替代的组成部分,有着非常重要的作用,可以帮助我们:

积累基础知识

通过阅读课本和其他课内材料,学生可以积累大量的基础知识,包括字、词、句、常识等。这些基础知识是我们构建语言能力、搭建知识体系的重要基石。

提升阅读理解能力

通过课内阅读，学生可以接触各种不同类型的文章，从而学会如何理解文章的主旨、分析文章的结构、掌握作者写作的意图等。这种训练有助于提升学生的阅读速度和阅读理解能力。

扩展知识面与视野

课内阅读材料往往涵盖了丰富的知识内容和文化，通过阅读，学生可以了解不同领域的知识，丰富自己的知识面，从而拓宽自己的视野。在考试中，如果遇到涉及这些领域和话题的题目，学生就能够更加从容地应对。

强化思维能力

课内阅读不仅仅需要理解文字，还需要对文章进行深入的分析和思考。这种训练有助于强化学生的逻辑思维能力、批判性思维能力以及创新思维能力。

培养学习习惯

通过定期的课内阅读,学生可以养成良好的阅读习惯和学习习惯,这种习惯对于未来的学习和生活都具有积极的影响。

为课外阅读打基础

课内阅读是学生接触阅读的起点,通过课内阅读,学生可以逐渐掌握阅读的基本方法和技巧,为未来的课外阅读打下坚实的基础。

综上所述,课内阅读不仅能够帮助学生积累基础知识,提升阅读理解能力,还能够扩展学生的知识面和视野,强化思维能力,培养学习习惯,并为未来的学习和生活打下坚实的基础。

因此，无论是家长还是学生都应该重视课内阅读，同时借助西瓜阅读法，充分利用课内阅读的机会来提升自己的基本阅读能力和素养。

比如，用思维导图提前预习课文和记课堂笔记；用思维导图分析和整理课内要求阅读的文章，并把这些文章全部画成大脑更喜欢的图文并茂的思维导图阅读笔记等。

在课外阅读中
拓展世界观

课外阅读是指学生在课堂学习以外,利用课余时间进行的阅读活动。它涵盖了各种类型的书籍、文章、杂志等,旨在丰富学生的阅读体验,拓宽知识视野,提升阅读能力和综合素养。

课外阅读与课内阅读相辅相成,共同构成了学生阅读的完整体系。对于大家而言,一切非课内的阅读行为,都可以称为课外阅读或多样阅读。

课外阅读为我们提供了广阔的知识视野。

通过阅读不同主题的书籍，如文学、历史、科学、哲学、地理等，我们可以接触丰富的知识体系和多元的文化背景。这些书籍不仅描述了不同的地域、时代和人群，还揭示了人类文明的演化、思想的演变以及社会的多样性。通过阅读和思考，我们能够逐渐构建起自己的知识体系，进而拓宽对世界的认知和理解。

 课外阅读能够激发我们的想象力和创造力。

通过阅读虚构的文学作品，我们可以进入一个全新的世界，体验不同的人生和情感。这种想象力的激发有助于我们更好地理解人类文明的多样性和复杂性，进而拓展对世界的认知。同时，阅读还能够激发我们的创造力，启发我们思考新的问题、提出新的观点、解决新的问题。

课外阅读有助于培养我们的批判性思维。

在阅读过程中,我们需要分析、评价和理解书中的观点和事实。这种思考和判断的过程有助于培养我们的批判性思维,使我们能够独立思考、理性判断,并形成自己的见解。这种思维方式对于拓展世界观至关重要,因为它能够帮助读者超越文字的表层含义,深入探究事物的本质和真相。

 课外阅读能够培养我们的同理心和跨文化理解能力。

通过阅读不同文化背景的书籍,我们可以更好地理解不同文化之间的差异和共通之处,进而增强对不同文化的尊重和包容。这种同理心和跨文化理解能力的培养对于拓展世界观具有重要意义,因为它能够帮助我们更好地适应多元化的社会环境,并与不同文化背景的人进行有效沟通。

总而言之,课外阅读可以为我们提供广阔的知识视野,激发我们的想象力和创造力,培养我们的批判性思维以及同理心和跨文化理解能力，进而帮助我们拓展认知的边界。

因此，我们每个人都应该重视课外阅读，在借助西瓜阅读法不断提升阅读能力的同时，和家人一起积极参与到阅读中吧！

偶尔给自己一点"混沌阅读时间"

"混沌阅读"是指一种没有固定目标、没有特定计划，完全凭借个人兴趣和直觉而进行的阅读。在这个时间段里，我们可以自由地翻阅书籍、杂志、报纸等，不必从头到尾去阅读，也不必局限于某个主题和领域。

我们之所以要偶尔给自己一些混沌阅读时间，主要有以下几个原因：

 混沌阅读有助于拓宽我们的知识视野。

当我们按照固定的计划和目标进行阅读时，很容易陷入信息茧房，只关注自己熟悉的领域和话题。而混沌阅读则能让我们跳出这个舒适区，接触更多不同的知识和观点，从而拓宽我们的知识视野。

混沌阅读有助于激发我们的阅读兴趣。

在混沌阅读时间里，我们可以根据自己的兴趣和好奇心去选择阅读材料，这种自由选择的过程本身就是一种享受。当我们发现一本有趣的书或一篇引人入胜的文章时，会产生强烈的阅读欲望，这种欲望会进一步推动我们深入阅读和学习。

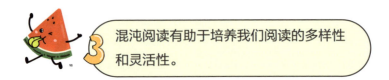
混沌阅读有助于培养我们阅读的多样性和灵活性。

在日常生活和学习中，我们往往需要按照特定的要求和目标进行阅读，这种阅读往往是任务导向的。而混沌阅读时间则能让我们摆脱这种束缚，更加自由地选择阅读材料和内容，从而培养我们阅读的多样性和灵活性。

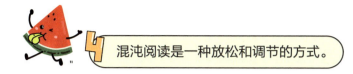

混沌阅读是一种放松和调节的方式。

在紧张的学习和工作中,适当的放松和调节对保持身心健康非常重要。在混沌阅读时间里,我们可以暂时抛开烦恼和压力,沉浸在阅读的乐趣中,达到放松和调节的效果。

因此,偶尔给自己一些混沌阅读时间是非常有益的,它可以帮助我们拓宽知识视野、激发阅读兴趣、培养阅读的多样性和灵活性,同时也是一种有效的放松和调节方式。

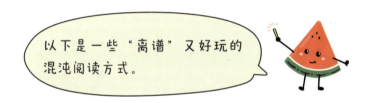

以下是一些"离谱"又好玩的混沌阅读方式。

1. 把书放在窗户旁,风吹开哪页就读哪页。
2. 只读带自己"幸运数字"的那一页。
3. 掷骰子决定读哪一页。
4. 在书架上随机取一本书,翻到哪页读哪页。
5. 每一页只读一句话。
6. 每本书只读一句话。
7. 从书的最后一页往前读。

8. "点兵点将"决定读哪本书。

9. 蒙眼摸书,决定读哪一本书。

10. 想怎么读就怎么读。

附:达尼埃尔·佩纳克提出的"儿童阅读的十项权利"

达尼埃尔·佩纳克,法国作家。他受自身经历启发创作的小说《上学的烦恼》荣获2010年傅雷翻译出版奖。他在阅读随笔集《宛如一部小说》中提出"阅读的十项权利"。

1. 不读的权利。
2. 跳读的权利。
3. 不读完的权利。
4. 重读的权利。
5. 读任何书的权利。
6. 包法利式⊖幻想的权利。
7. 随时随地读的权利。
8. 随意选读的权利。
9. 大声朗读的权利。
10. 默读的权利。

⊖ "包法利式",一种感官上即时、特有的满足,对书中的内容产生强烈的情感共鸣。文中的每一个字都像是为我而写,那些日常的幻想,都被大脑(暂时地)加工成了浪漫的花火。

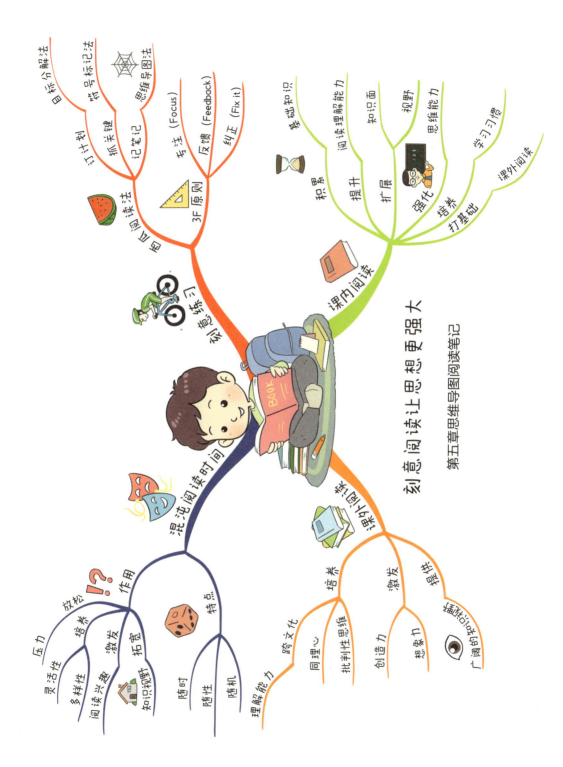

- 摸清大脑的"脾气"
- 学习者常踩的两片"记忆雷区"
- 一招制敌解密"记忆万能公式"
- 记忆是阅读的基石

06

阅读高手都是记忆大师

摸清大脑的"脾气"

记忆是阅读的一部分,而且是至关重要的一环。没有高效且精准的记忆,我们的阅读质量一定是不高的。

尽管西瓜阅读法中的思维导图笔记已经帮助我们解决了大部分的记忆问题,但是一些抽象、复杂的记忆材料还是很难记住。这就需要我们使用在思维导图笔记的基础上,掌握几个简单、实用的记忆小技巧,这样就能达到"如虎添翼"的阅读效果了。

在学习记忆方法之前,我们要先来了解一下大脑,摸清大脑的"脾气"。我们可以把大脑比作"人"。

> **1** 把大脑比作"人",是一个富有象征性和启发性的说法。

每个人的大脑都是独特的,就如同每个人都是独一无二的个体一样。理解并尊重这一点,可以帮助我们找到最适合自己的记忆方法和技巧。

人是有情感和动机的生物,大脑也是如此。情绪状态和动机水平会直接影响记忆的形成和提取。比如,当我们对某个信息感兴趣时,我们就更可能记住它。因此,要想提高记忆力,我们就要抓住大脑的"胃口",摸清大脑的"脾气"。毕竟,"强扭的瓜不甜"。

2 大脑像人一样需要休息和恢复体力。

过度使用大脑、"疲劳驾驶",会导致记忆力下降。因此,合理安排学习和休息时间,对提高记忆力至关重要。

比如,早晨6点钟,人的血压会升高,心跳加快,体温上升,肾上腺皮质激素分泌开始增加。此时机体已经苏醒,想睡也睡不安稳了,这是大脑的第一次最佳记忆高峰期。

早晨8点钟,肝脏已将身体内的毒素全部排尽,进入兴奋状态。这时候大脑记忆力增强,是第二次最佳记忆高峰期。

晚上9点钟,此时大脑的记忆力也特别好,可以用来复习和回顾当天所读内容。在正确的时间,做正确的事,我们想不提高记忆力都很难。

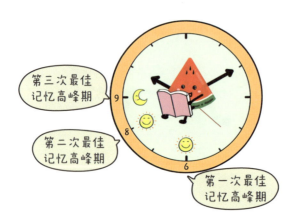

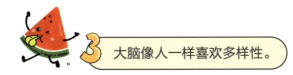

3 大脑像人一样喜欢多样性。

人们往往喜欢多样化和新颖的体验，大脑也是如此。大脑对于有情感和有意义的信息往往更加敏感，记忆也会深刻。单一的学习方式和重复的机械背诵容易使大脑感到疲劳，从而降低记忆效果。因此，通过多感官（眼耳鼻舌身意）的记忆方法和学习活动来刺激大脑，可以帮助我们快速提高记忆力。

通过肢体动作来辅助记忆就是一个有效的方法。比如，在记忆一个长句子或一个段落时，可以尝试用自己的身体动作来模拟或表演句子中的内容。这种"表演式"的记忆方法能够增强记忆的趣味性，同时也能加深记忆的印象。

将大脑视为"人"来看待，摸清它的"脾气"，有助于我们更深入地理解其工作原理和需求，从而找到更有效的提高记忆力的方法。

同时，这种象征性的说法也提醒我们，与大脑建立良好的互动关系，是提高记忆力的关键。

学习者常踩的两片"记忆雷区"

事实证明，不管是谁，都会遗忘。因此，我们要用平和的心态看待"遗忘"这件事情，不要给自己太大的压力，但也不能放任不管。我们作为学习者，在日常记忆活动中，除了"什么也记不住"这种极其尴尬的情况外，还常常会踩到两片"记忆雷区"：

第一，漏字词。

第二，上句不接下句。

简单讲就是记忆的精准度和连贯性的问题。

我们在记忆时"漏字词"相当于在行车道上遇到"坑"。坑越多,路就越难走,记忆也就越困难。

我们在记忆时"背完上句接不上下句"相当于行车道"断"了。路断了,车无法通行,记忆也就无法进行。

这两个问题是每个学习者都会遇到的记忆难题,你我皆不例外。但是,我有解决方案!

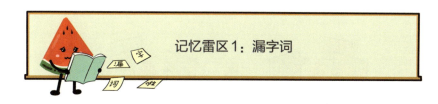

记忆时漏字词是典型的记忆精准度问题。解决这一问题的方法叫做"编码记忆法"。讲得通俗一点,就是通过联想和想象给易错或记错的字词"取外号"。

举例:

①1914年第一次世界大战爆发。

由于数字属于抽象信息,我们用死记硬背的方法,可能记不住或只能记住其中两个数字"19"。即使多次复习,依然有可能记错或记混。但如果我们用编码记忆法来背诵,记忆效果则截然不同。

第一步,我们可以通过声音联想法将"1914"这组抽象数字联想成"<u>药酒(19)+钥匙(14)</u>"。

第二步,想象一个画面:<u>第一次世界大战</u>是因为争夺<u>药酒</u>里的一把金<u>钥匙</u>而打起来的。

"1914"这组数字对于大脑来说便不再是枯燥、无聊的抽象信息了,而是一下子变成了可理解的"图像",让我们的记忆更加深刻。

②曲曲折折的荷塘上面,弥望的是田田的叶子。

如果"弥望"这个词经常记不住或记混,就可以用编码记忆法给这个抽象词取个"外号",这样一下子就能牢牢记住了。

比如,把"弥望"联想成:一只猕猴在四处张望。

用图像记忆将"弥望"的"弥"联想成"猕猴"的"猕",先对上音,然后再还原成原本的汉字。这样"弥望"这个词就像动画一样,牢记在大脑中了。

有了这套记忆方法,以后遇到难记的字词自然不会轻易记错。

 **记忆雷区2：上句不接下句**

记忆时上句不接下句是典型的记忆连贯性问题。解决这一问题的方法叫做"联结记忆法"。

举例：

①按顺序记住下面10个词语。

| 商店 | 熊猫 | 雪糕 | 火山 | 课本 |
| 森林 | 飞机 | 黑熊 | 玫瑰 | 书店 |

这10个随机词语，如果我们死记硬背可能需要花3~5分钟才能记住。有的人虽然记住了，但词语的前后顺序会错乱。这时，我们可以使用联结记忆法，在两两词语之间"增加动词"来创造联想记忆关系和画面，来将这10个词语全部按顺序记住，并且做到"倒背如流"。

比如，我们可以联想下面这幅画面：

商店里走出来一只熊猫。熊猫手里拿着一支雪糕。它把雪糕扔进了火山。火山里喷发出许许多多的课本。课本飞进了一片森林。森林里的工人正在修理一架飞机。飞机上住着一只黑熊。黑熊捧着一束玫瑰。它把玫瑰摆在了书店。

通过上面这一记忆场景的描述，我们可以一字不差地将这10个毫无逻辑关系的随机词语一遍记住。

你不妨现在就闭上眼睛，试着将刚才记忆的10个随机词语按顺序说出来。不要觉得惊讶！因为，这不是你的特权，而是每个有方法的人都可以做到的。

> 顺便再告诉大家一个小秘密，你还可以将这些词语，从最后一个倒着背诵到第一个。而且，不费吹灰之力！这就是联结记忆法的强大之处。

②那河畔的金柳,是夕阳中的新娘;波光里的艳影,在我的心头荡漾。

上一句是"那河畔的金柳,是夕阳中的新娘"。
下一句是"波光里的艳影,在我的心头荡漾"。

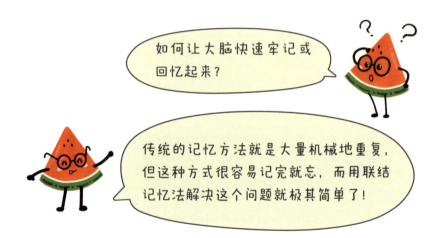

比如,我们只需要在上一句圈一个关键词"新娘"。
然后在下一句圈一个关键词"波光"。

最后像刚才我们记忆10个随机词语的思路一样,增加动词,创造记忆关系和画面就可以了。

我们可以联想这样一幅画面:

"新娘"的影子倒映在"波光"粼粼的水面上。

这样在回忆时,一提到"新娘",马上就能想起来下一句和"波光"有关系,想起"波光里的艳影,在我的心头荡漾"自然更加容易。

以上就是学习者常踩的两片"记忆雷区"。一个是精准记忆问题——漏字词;一个是连贯记忆问题——上句不接下句。

不过,大家不用担心。如果在阅读过程中或记忆思维导图阅读笔记时,真的遇到了这两个问题,可以用刚才我们讲的编码记忆法解决精准记忆的问题,用联结记忆法解决连贯记忆的问题。

西瓜阅读法加上一些简单、实用的记忆技巧,可以帮助我们在阅读过程中或阅读完毕后,记得更准,记得更多!

一招制敌解密"记忆万能公式"

"一招制敌"在格斗中通常指的是利用一个突然且有效的招数迅速制服对手,它强调了在战斗中的出奇制胜和高效性。而"记忆万能公式"则是指一种能够帮助我们更有效地"程序化"记忆的方法和策略。

记忆万能公式,结构如下:

$$M=(C_1+C_2)^\infty \cdot R$$

M=Memory(记忆)

C_1=Code(编码)

C_2=Connect(联结)

∞=Imagine(想象)

R=Review(复习)

中文公式如下:

$$记忆=(编码+联结)^{\infty} \cdot 复习$$

前面我们讲过,学习者常踩的两片"记忆雷区",一个是精准记忆问题——漏字词;另一个是连贯记忆问题——上句不接下句。

也就是说,不管我们记的是什么,只会遇到这两类问题。要么遗漏字词,要么上句不接下句。而这两个典型的记忆问题,在我们的记忆过程中一般会同时存在。

因此,括号里是"编码+联结",而不是单一的"编码"或"联结"。

漏字词(记忆精准度问题)需要用编码记忆法解决,而上句不接下句(记忆连贯性问题)则需要用联结记忆法解决。

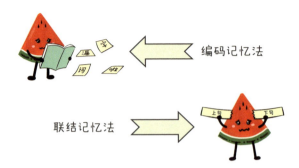

也就是说,我们解决记忆问题的过程,其实是"编码"和"联结"不断相互配合的过程。没有精准记忆,就没有完整的句子。没有完整的句子,就谈不上连贯记忆。

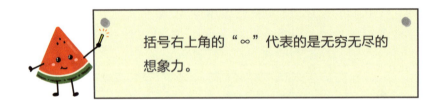

括号右上角的"∞"代表的是无穷无尽的想象力。

想象力就是生产力。想象力能帮助我们提高记忆力。想象的画面越清晰、越有趣,甚至越夸张,记忆的牢固性和深刻度就能呈几何倍数增加。

因此,在用符号标记法圈关键词时,我们建议使用创意符号,甚至是和关键词相关的简单图像。

在用思维导图整理阅读笔记时，同样如此。中心图、分支、关键图、颜色这些可视化的语言符号，可以帮助我们更系统、牢固地归纳、整理所读内容。

所以，有一句话是这样讲的："好的想象是成功记忆的一半"。

"·R"，也就是"刻意复习"。

没有任何一种方法，可以让我们做到过目不忘。但是，有一种习惯可以让我们做到久记难忘，那就是刻意复习。**有意识地刻意复习是将我们所读内容从短时记忆变为长时记忆的重要途径。**

德国心理学家艾宾浩斯一生致力于有关记忆的实验心理学研究。他在1885年出版了《关于记忆》一书，提出了著名的"艾宾浩斯遗忘曲线"。这一成就令他成为与冯特（实验心理学之父）齐名的心理学家。

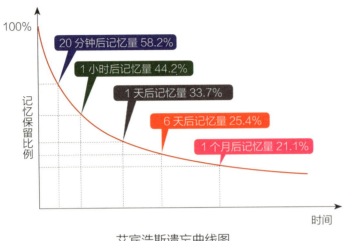

艾宾浩斯遗忘曲线图

艾宾浩斯通过大量的实验和数据测算研究发现,遗忘是有规律的。大脑的遗忘规律是"先快后慢"。当大脑完成一项记忆任务后,首先遗忘的是那些不理解、没规律、抽象的记忆内容,而且遗忘的速度非常快。

用传统记忆方法背过的内容,一般在20分钟后只剩下原来记忆量的58.2%。一天之后大概只剩下原来记忆量的33.7%。好在我们可以用思维导图笔记法、联想记忆法等方法和大脑的遗忘特性抗衡,但依然需要科学复习、及时复习才能达到长时记忆的效果。

艾宾浩斯指出，人的记忆周期主要分为短时记忆和长时记忆两种。

记忆周期	时间
第一个记忆周期	5分钟
第二个记忆周期	30分钟
第三个记忆周期	12小时
第四个记忆周期	1天
第五个记忆周期	2天
第六个记忆周期	4天
第七个记忆周期	7天
第八个记忆周期	15天

以上8个记忆周期是我们最大程度提高记忆效果的8个复习节点。虽然不一定每个记忆任务都要严格按照这样一套时间间隔规则去复习，但是，在这些关键的记忆和复习节点上进行及时有效的复习，一定可以帮助我们倍增记忆的牢固性，最终达到长时记忆的效果。

> 没有一劳永逸的记忆方法！只有科学记忆、大胆想象、及时复习，才能真正让我们更持续且长久地高效学习。

记忆是阅读的基石

阅读是一个复杂的大脑认知过程,它涉及视觉、语言、记忆等多个脑区的协同工作。当我们阅读时,视觉区域首先识别文字,然后语言区域负责解析和理解语义信息。

但关键在于,想要让这些信息被长期保存并随时调用,就依赖于记忆区域的参与。记忆区域不仅负责存储阅读过程中的关键信息,还帮助我们构建知识网络,使得新旧信息能够相互关联,形成更为丰富的认知结构。

记忆与大脑的海马体、神经递质以及神经元连接密切相关。海马体是大脑中的记忆中心,它负责将短时记忆转化为长时记忆。

在阅读过程中,海马体会不断加工和整合信息,使其转化为稳定的记忆痕迹。同时,神经递质(如多巴胺等)也参与记忆的形成和巩固,它们通过调节神经元之间的连接强度来影响记忆的牢固性。

此外,记忆还能够帮助我们更好地理解和应用阅读内容。通过记忆,我们可以将阅读到的新知识和已有的知识、经验相结合,形成更为深刻和全面的理解。这种理解方式不仅可以帮助我们提高认知水平,还能使我们更好地运用所学知识解决实际问题。

最后,希望每一位读者都能通过"刻意练习"来掌握西瓜阅读法,再结合"记忆万能公式",最终实现高效阅读、终身阅读的目标。

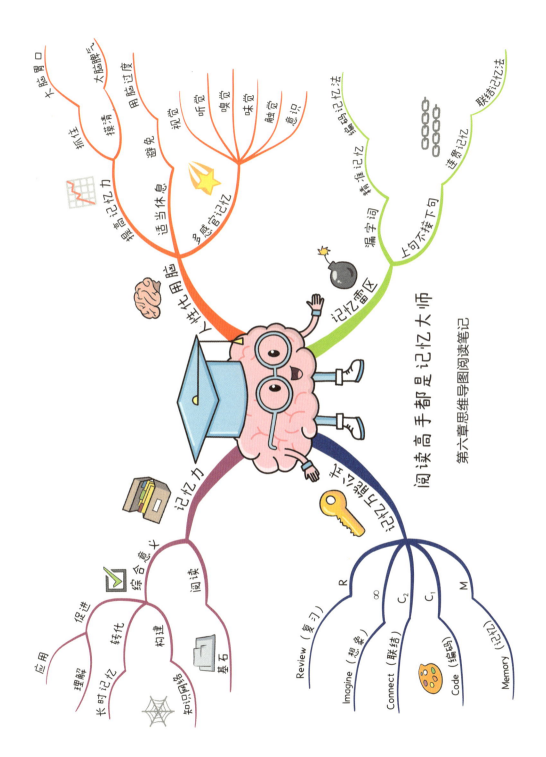

使用方法

在使用《西瓜阅读计划表》时,一定要根据自己的阅读习惯和能力,如实填写相关信息,按照定时、定量的原则制订阅读计划。

阅读计划	写清楚预计在多少天内,分多少次读完这本书。 补充说明:是否每天都有阅读任务,一天读几次等。
每次目标	写清楚一次读多长时间,或者一次读多少页。 补充说明:是用定时分解法分解的阅读目标,还是用定量分解法分解的阅读目标,每次在几点钟开始阅读等。

"阅读计划进度条"打卡方法:

- 完成一次阅读任务:把相对应的西瓜涂满红色。
- 暂停一次阅读任务:把相对应的西瓜涂满黄色。
- 只完成一部分阅读任务:把相对应的西瓜涂一半红色。

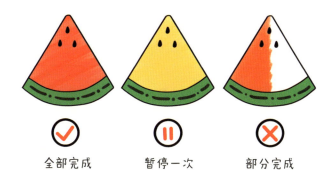

西瓜阅读计划表

书名		作者	
一句话讲清楚这是一本关于什么主题的书			
阅读这本书的目的或想要解决的问题（1~3个）			
章节数量		页码数量	
阅读计划	预计在_____天内，分_____次读完 补充说明：_____ _____		
每次目标	每次阅读_____时长/页数 补充说明：_____ _____		
奖罚机制	奖：		
	罚：		

阅读计划进度条

起始时间：_____年____月____日

截止时间：_____年____月____日

阅读完本书后的
　收获与心得

西瓜阅读计划表

书名		作者	
一句话讲清楚这是一本关于什么主题的书			
阅读这本书的目的或想要解决的问题（1~3个）			
章节数量		页码数量	
阅读计划	预计在_____天内，分_____次读完 补充说明：_____ _____		
每次目标	每次阅读_____时长/页数 补充说明：_____ _____		
奖罚机制	奖： 罚：		

阅读计划进度条

起始时间：_____年_____月_____日

截止时间：_____年_____月_____日

阅读完本书后的收获与心得

西瓜阅读计划表

书名		作者	
一句话讲清楚这是一本关于什么主题的书			
阅读这本书的目的或想要解决的问题（1~3个）			
章节数量		页码数量	
阅读计划	预计在_____天内，分_____次读完 补充说明：_____ _____		
每次目标	每次阅读_____时长/页数 补充说明：_____ _____		
奖罚机制	奖： 罚：		

阅读计划进度条

起始时间：_____年_____月_____日

截止时间：_____年_____月_____日

阅读完本书后的收获与心得

西瓜阅读计划表

书名		作者	
一句话讲清楚这是一本关于什么主题的书			
阅读这本书的目的或想要解决的问题（1~3个）			
章节数量		页码数量	
阅读计划	预计在_____天内，分_____次读完 补充说明：_____ _____		
每次目标	每次阅读_____时长/页数 补充说明：_____ _____		
奖罚机制	奖： 罚：		

阅读计划进度条

起始时间：_____年____月____日

截止时间：_____年____月____日

阅读完本书后的
收获与心得

西瓜阅读计划表

书名		作者	
一句话讲清楚这是一本关于什么主题的书			
阅读这本书的目的或想要解决的问题（1~3个）			
章节数量		页码数量	
阅读计划	预计在_____天内，分_____次读完 补充说明：_____ _____		
每次目标	每次阅读_____时长/页数 补充说明：_____ _____		
奖罚机制	奖： 罚：		

阅读计划进度条

起始时间：_____年_____月_____日

截止时间：_____年_____月_____日

阅读完本书后的
收获与心得

西瓜阅读计划表

书名		作者	
一句话讲清楚这是一本关于什么主题的书			
阅读这本书的目的或想要解决的问题（1~3个）			
章节数量		页码数量	
阅读计划	预计在_____天内，分_____次读完 补充说明：_____ _____		
每次目标	每次阅读_____时长/页数 补充说明：_____ _____		
奖罚机制	奖： 罚：		

阅读计划进度条

起始时间：_____年_____月_____日

截止时间：_____年_____月_____日

阅读完本书后的
收获与心得

西瓜阅读计划表

书名		作者	
一句话讲清楚这是一本关于什么主题的书			
阅读这本书的目的或想要解决的问题（1~3个）			
章节数量		页码数量	
阅读计划	预计在_____天内，分_____次读完 补充说明：_____ _____		
每次目标	每次阅读_____时长/页数 补充说明：_____ _____		
奖罚机制	奖： 罚：		

阅读计划进度条

起始时间：_____年_____月_____日

截止时间：_____年_____月_____日

阅读完本书后的
收获与心得

西瓜阅读计划表

书名		作者	
一句话讲清楚这是一本关于什么主题的书			
阅读这本书的目的或想要解决的问题（1~3个）			
章节数量		页码数量	
阅读计划	预计在_____天内，分_____次读完 补充说明：_____ _____		
每次目标	每次阅读_____时长/页数 补充说明：_____ _____		
奖罚机制	奖： 罚：		

阅读计划进度条

起始时间：_____年____月____日

截止时间：_____年____月____日

阅读完本书后的
收获与心得

西瓜阅读计划表

书名		作者	
一句话讲清楚这是一本关于什么主题的书			
阅读这本书的目的或想要解决的问题（1~3个）			
章节数量		页码数量	
阅读计划	预计在_____天内，分_____次读完 补充说明：_____ _____		
每次目标	每次阅读_____时长/页数 补充说明：_____ _____		
奖罚机制	奖： 罚：		

阅读计划进度条

起始时间：_____年____月____日

截止时间：_____年____月____日

阅读完本书后的收获与心得

西瓜阅读计划表

书名		作者	
一句话讲清楚这是一本关于什么主题的书			
阅读这本书的目的或想要解决的问题（1~3个）			
章节数量		页码数量	
阅读计划	预计在_____天内，分_____次读完 补充说明：_____ _____		
每次目标	每次阅读_____时长/页数 补充说明：_____ _____		
奖罚机制	奖： 罚：		

阅读计划进度条

起始时间：_____年_____月_____日

截止时间：_____年_____月_____日

阅读完本书后的
收获与心得

西瓜阅读计划表

书名		作者	
一句话讲清楚这是一本关于什么主题的书			
阅读这本书的目的或想要解决的问题（1~3个）			
章节数量		页码数量	
阅读计划	预计在_____天内，分_____次读完 补充说明：_____ _____		
每次目标	每次阅读_____时长/页数 补充说明：_____ _____		
奖罚机制	奖： 罚：		

阅读计划进度条

起始时间：_____年_____月_____日

截止时间：_____年_____月_____日

阅读完本书后的
收获与心得

西瓜阅读计划表

书名		作者	
一句话讲清楚这是一本关于什么主题的书			
阅读这本书的目的或想要解决的问题（1~3个）			
章节数量		页码数量	
阅读计划	预计在_____天内，分_____次读完 补充说明：_____ _____		
每次目标	每次阅读_____时长/页数 补充说明：_____ _____		
奖罚机制	奖：		
	罚：		

阅读计划进度条

起始时间：_____年_____月_____日

截止时间：_____年_____月_____日

阅读完本书后的
收获与心得

西瓜阅读计划表

书名		作者	
一句话讲清楚这是一本关于什么主题的书			
阅读这本书的目的或想要解决的问题（1~3个）			
章节数量		页码数量	
阅读计划	预计在_____天内，分_____次读完 补充说明：_____ _____		
每次目标	每次阅读_____时长/页数 补充说明：_____ _____		
奖罚机制	奖： 罚：		

阅读计划进度条

起始时间：_____年____月____日

截止时间：_____年____月____日

阅读完本书后的收获与心得

西瓜阅读计划表

书名		作者	
一句话讲清楚这是一本关于什么主题的书			
阅读这本书的目的或想要解决的问题（1~3个）			
章节数量		页码数量	
阅读计划	预计在_____天内，分_____次读完 补充说明：_____ _____		
每次目标	每次阅读_____时长/页数 补充说明：_____ _____		
奖罚机制	奖： 罚：		

阅读计划进度条

起始时间：_____年_____月_____日

截止时间：_____年_____月_____日

阅读完本书后的收获与心得

西瓜阅读计划表

书名		作者	
一句话讲清楚这是一本关于什么主题的书			
阅读这本书的目的或想要解决的问题（1~3个）			
章节数量		页码数量	
阅读计划	预计在_____天内，分_____次读完 补充说明：_____ _____		
每次目标	每次阅读_____时长/页数 补充说明：_____ _____		
奖罚机制	奖： 罚：		

阅读计划进度条

起始时间：_____年____月____日

截止时间：_____年____月____日

阅读完本书后的
　收获与心得

西瓜阅读计划表

书名		作者	
一句话讲清楚这是一本关于什么主题的书			
阅读这本书的目的或想要解决的问题（1~3个）			
章节数量		页码数量	
阅读计划	预计在_____天内，分_____次读完 补充说明：_____ _____		
每次目标	每次阅读_____时长/页数 补充说明：_____ _____		
奖罚机制	奖： 罚：		

阅读计划进度条

起始时间：_____年____月____日

截止时间：_____年____月____日

阅读完本书后的收获与心得

西瓜阅读计划表

书名		作者	
一句话讲清楚这是一本关于什么主题的书			
阅读这本书的目的或想要解决的问题（1~3个）			
章节数量		页码数量	
阅读计划	预计在_____天内，分_____次读完 补充说明：_____ _____		
每次目标	每次阅读_____时长/页数 补充说明：_____ _____		
奖罚机制	奖： 罚：		

阅读计划进度条

起始时间：_____年_____月_____日

截止时间：_____年_____月_____日

阅读完本书后的
　收获与心得

西瓜阅读计划表

书名		作者	
一句话讲清楚这是一本关于什么主题的书			
阅读这本书的目的或想要解决的问题（1~3个）			
章节数量		页码数量	
阅读计划	预计在_____天内，分_____次读完 补充说明：_____ _____		
每次目标	每次阅读_____时长/页数 补充说明：_____ _____		
奖罚机制	奖： 罚：		

阅读计划进度条

起始时间：_____年_____月_____日

截止时间：_____年_____月_____日

阅读完本书后的
　收获与心得

西瓜阅读计划表

书名		作者	
一句话讲清楚这是一本关于什么主题的书			
阅读这本书的目的或想要解决的问题（1~3个）			
章节数量		页码数量	
阅读计划	预计在_____天内，分_____次读完 补充说明：_____ _____		
每次目标	每次阅读_____时长/页数 补充说明：_____ _____		
奖罚机制	奖： 罚：		

阅读计划进度条

起始时间：_____年_____月_____日

截止时间：_____年_____月_____日

阅读完本书后的
　收获与心得

西瓜阅读计划表

书名		作者	
一句话讲清楚这是一本关于什么主题的书			
阅读这本书的目的或想要解决的问题（1~3个）			
章节数量		页码数量	
阅读计划	预计在_____天内，分_____次读完 补充说明：_____ _____		
每次目标	每次阅读_____时长/页数 补充说明：_____ _____		
奖罚机制	奖： 罚：		

阅读计划进度条

起始时间：_____ 年 _____ 月 _____ 日

截止时间：_____ 年 _____ 月 _____ 日

阅读完本书后的
　收获与心得

西瓜阅读计划表

书名		作者	
一句话讲清楚这是一本关于什么主题的书			
阅读这本书的目的或想要解决的问题（1~3个）			
章节数量		页码数量	
阅读计划	预计在_____天内，分_____次读完 补充说明：_____ _____		
每次目标	每次阅读_____时长/页数 补充说明：_____ _____		
奖罚机制	奖： 罚：		

阅读计划进度条

起始时间：_____年____月____日

截止时间：_____年____月____日

阅读完本书后的
收获与心得